Alois Glück

Warum wir uns ändern müssen

Alois Glück

Warum wir uns ändern müssen

Wege zu einer zukunftsfähigen Kultur

Herbig

Für die Enkel
Michael und Elena

Wir werden außerordentliche Anstrengungen erbringen
und weitsichtige, mutige und verantwortungsbewusste
Veränderungen herbeiführen müssen, damit sie und ihre Generation
ähnliche Zukunftschancen haben, wie wir sie hatten.

Besuchen Sie uns im Internet unter:
www.herbig-verlag.de

1. Auflage Januar 2010
2. Auflage März 2010

© 2010 F. A. Herbig
Verlagsbuchhandlung GmbH, München
Alle Rechte vorbehalten
Umschlaggestaltung: Wolfgang Heinzel
Umschlagbild: Norbert Hellinger, München
Herstellung und Satz: VerlagsService Dr. Helmut Neuberger
& Karl Schaumann GmbH, Heimstetten
Gesetzt aus der 11,25/14,15 Punkt Minion
Druck und Binden: GGP Media GmbH, Pößneck
Printed in Germany
ISBN 978-3-7766-2627-8

Inhalt

Vorwort 9

Teil 1
Die Finanzkrise ist kein Zufall

Ratlose Experten und »Täter« ohne Einsicht 14

Am Abgrund. Vertrauen ist die wichtigste Währung 19

Die Mechanismen der Finanzkrise 22

Die Wegbereiter zur globalen Krise 26

Kulturwandel – der Wegweiser in die Krise
und aus der Krise 29

Kapitalismus ohne Verantwortung und Haftung –
Blick in eine kranke Welt 32

Gelingt die notwendige Kursänderung? 34

Gutes Krisenmanagement oder
unverantwortliche Erblast? 37

Ist diese Krise auch eine Chance? 44

Teil 2
In der Sackgasse – Leben ohne Zukunft

Zeit zum Umdenken 48

Die positive Bilanz 50

Die kritische Bilanz 55

»Modernisierung« – Pragmatismus ohne Kompass 62

Die Schwäche der Konservativen 68

Teil 3
Wie wollen wir morgen leben?

Das Ringen um einen Zukunftsentwurf 74

Ist Wirtschaftswachstum die Zauberformel? 79

Die zerstörerische Logik des Kapitalismus 87

Soziale Marktwirtschaft für das 21. Jahrhundert 91

Für eine Neuorientierung der Globalisierung 98

Jahrhundert-Herausforderungen 108

Nutzen und loslassen – der Weg zum
souveränen Lebensstil 113

Teil 4
Wege zu einer zukunftsfähigen Kultur

Das Leitbild »Solidarische Leistungsgesellschaft« 124

»Die Würde des Menschen ist unantastbar« 128

Freiheit und Verantwortung – für eine neue
Verantwortungskultur 136

Leistungskultur statt Ellenbogengesellschaft 146

Die Innovationskraft ist für unsere Zukunft
entscheidend 149

Selbstblockaden überwinden und Risiken eingehen 155

Subsidiarität bringt Dynamik und Stabilität 161

Sozialkultur statt sozialer Kälte –
das Soziale neu denken 165

»Aktive Bürgergesellschaft« – die starke Kraft
von unten 172
Wir brauchen den starken Staat 181
Familienpolitik ist Zukunftspolitik
und Gemeinschaftsaufgabe 184
Nachhaltigkeit – die große ethische Herausforderung 191
Integration oder Konfrontation? 196
Ein Härtetest für die Demokratie 208

Nachwort 218
Bibliografie 220

Vorwort

*»Die Welt befindet sich an der Schwelle gleichzeitiger Umbrüche,
die es so in der Geschichte noch nicht gab.«*

HENRY KISSINGER ZUM JAHRESWECHSEL 2006/07

U nsere heutige Art zu leben ist nicht zukunftsfähig. Einfach so weitermachen wie bisher führt geradewegs in eine Sackgasse – das spüren immer mehr Menschen. Zur Verdeutlichung der aktuellen Situation vergleiche ich gerne unser Gemeinwesen mit einer Firma, die auf den ersten Blick beeindruckt. Bei genauerem Hinsehen stellt man aber fest, dass die Betriebskosten ständig wachsen, ebenso der Aufwand für Reparaturen. Sie übersteigen allmählich den Ertrag. Über diese Schieflage im Haushalt schummelt man sich mit ständiger Neuverschuldung und zu geringen Zukunftsinvestitionen hinweg. Was die innere Verfassung der Firma angeht, so ist sie von Besitzstandsdenken, Verdrängung beunruhigender Entwicklungen und schwacher Zukunftsorientierung geprägt. In Anbetracht dieses Zustands ist das Urteil eindeutig: Wenn sich das Unternehmen nicht verändert, hat es keine gute Zukunft. Das gilt auch für unser Land.

Lediglich die aktuellen Fehlentwicklungen zu korrigieren, wird nicht ausreichen, um den Abstieg Deutschlands zu vermeiden. Die Kurskorrekturen müssen vielmehr verbunden werden mit den neuen Herausforderungen unserer Zeit. Wir erleben tief greifende Veränderungen wie beispielsweise die Auswirkungen der demografischen Entwicklung, die extrem hohe Verschuldung zu Lasten der Nachkommen und die wachsende Instabilität im Weltgefüge durch kulturelle Konflikte. Gleichzeitig stehen wir vor gewaltigen Aufgaben, die mit dem Klimawandel und der Notwendigkeit einer umweltverträglichen Energieversorgung einhergehen. Global denken und lokal handeln ist unerlässlich geworden. Deshalb lautet das Gebot der Stunde: eine zukunftsfähige Kultur entwickeln, die der Frage Rechnung trägt, wie wir morgen leben wollen und können.

Viele Anzeichen sprechen dafür, dass wir uns in einer Übergangszeit befinden. Im eigenen Land und weltweit wird um neue Ordnungen, Werte und Strukturen gerungen. Das Motto »Geld regiert die Welt«, das erstaunlich oft den Kern der Wahrheit trifft, entpuppt sich aufs Ganze gesehen als machtlos. Die entscheidenden Entwicklungen der Zukunft werden vielmehr durch die Kraft oder die Schwäche von Religionen, Kulturen und Ideologien bestimmt. Und die weltweite Finanz- und Wirtschaftskrise, die folgenreichen Klimaveränderungen sowie die wachsende Zahl kultureller, sozialer und politischer Brennpunkte bestätigen nicht nur die Prognose von Henry Kissinger, sondern machen den Handlungsbedarf noch dringender.

Mit unseren bisherigen Verhaltensweisen und Denkmustern haben wir offensichtlich weithin Irrwege eingeschlagen, und an neuen Alternativen mangelt es noch. Auch wenn vieles noch nicht eindeutig und klar ist, es beginnt sich einiges zu entwickeln. Dafür gibt es keine Patentrezepte, keinen »Befreiungsschlag«. Der Weg ins Neuland ist ein zäher Lernprozess. Fest steht nur: Die Antwort auf die Probleme der modernen Zivilisation und der globalen Entwicklung ist nicht der Rückzug, schon gar nicht der Abschied von der Moderne. Die großen Aufgaben unserer Zeit können wir nur mit den besten Möglichkeiten und Optionen, die wir haben, gut gestalten – mit Spitzenforschung, Innovationen in allen Lebensbereichen, internationalen Kooperationen im fruchtbaren Wettbewerb der Ideen und Initiativen.

Es genügt nicht mehr, wie bisher praktiziert, nur mit Geld und organisatorischen Veränderungen auf Missstände zu reagieren. Die Fehlentwicklungen unserer Zeit sind das Ergebnis der Werte und Leitbilder, die unser Verhalten und Handeln prägen. Was wir gerade heute brauchen, ist bürgerschaftliches Engagement als die starke und innovative Kraft von unten. Ohne engagierte und verantwortungsbewusste Bürger gibt es keine gute Zukunft. Jeder wird gebraucht, muss seinen Beitrag leisten. Damit sich diese Kraft entfalten kann, müssen wir bereit sein, uns im Sinne einer Verantwortungsgemeinschaft von Bürger und Staat zu verändern. Der »Ohne-mich-Michel« gehört ins Museum. Die wachsenden Probleme im eigenen Land und weltweit werden sogar Veränderungen erzwingen. Die Frage ist, ob wir weiter brav verdrängen und abwarten wollen, bis uns der Sturm erreicht und umwirft, oder ob wir aktiv, vorausschauend und mit Verantwortung für unsere Nachkommen handeln. Die Aufgabe der Führungskräfte wird dabei sein, das Notwendige verständlich zu machen und entsprechend zu agieren. Dies gilt nicht nur für Politiker, sondern auch für die Führenden gesellschaftlicher Interessengruppen, für Wissenschaftler und Publizisten, für alle, die auf den Meinungsbildungsprozess Einfluss haben. Erfolgreiches Führen und die notwendige gemeinsame Anstrengung setzt nicht nur die richtige Analyse, sondern auch Ziele und Leitbilder voraus. Diese lassen sich nicht aus dem Management von Fakten gewinnen, nein, sie basieren vielmehr auf einer fruchtbaren Verbindung von Werten, Sachkompetenz und dem Willen zum Handeln. Nur so ist gestaltende Politik möglich. Ohne übergreifendes Konzept hingegen schrumpft Politik zu einem nur noch reagierenden Reparaturbetrieb zusammen.

Die anstehenden Aufgaben sind eine große Herausforderung. Wir brauchen aber nicht ängstlich zu sein. Wenn wir bedenken, was die Generationen vor uns und die Aufbaugeneration nach dem Zweiten Weltkrieg leisten mussten und geleistet haben, sind wir in einer vergleichsweise bequemen Situation. Dies gilt auch mit dem Blick auf andere Völker und Nationen, die in der globalen Wirklichkeit zwar dieselben Rahmenbedingungen vorfinden, aber fast alle eine weniger gute Ausgangsposition innehaben. Dennoch wird vor allem der jungen Generation kaum weniger abverlangt werden wie der Aufbaugeneration nach dem Krieg, wenn auch in anderer Weise. Ihnen sei gesagt, dass Krisen auch immer Chancen sind. Das zeigt sich schon mit der Finanzkrise. Sie hat schlagartig zahlreiche Fehlentwicklungen öffentlich bewusst gemacht und zu einem besseren internationalen Handeln geführt. Insbesondere aber hat sie eine Debatte über die Bedeutung von Werten angestoßen. Der Wert des Vertrauens wurde neu entdeckt, die Gefahr des nur kurzfristigen Handelns ergründet und die unverzichtbaren Ordnungsaufgaben des Staates offenbart. Generell wächst die Erkenntnis, dass Quantität noch nicht Qualität bedeutet, dass Lebensqualität mehr als Lebensstandard ist.

Diese Einsichten sind also die Chance, aus der Krise zu einer neuen Lebensqualität zu kommen. Ihre Basis wird eine zukunftsfähige Kultur sein, die zu entwickeln unsere große Gemeinschaftsaufgabe darstellt. Eine faszinierende Aufgabe. Dafür lohnt es sich, sich zu engagieren. Gerade die junge Generation, die Altes gerne ändern will, ist gefragt, ihre Ideen und Überzeugungen in den Gestaltungsprozess einzubringen. Es gibt viele neue Aufgaben, in denen sie ihre Fähigkeiten und Talente entwickeln und sich bewähren kann. Möge dieses Buch der notwendigen geistigen Auseinandersetzung einen entscheidenden Impuls geben und zur Wegsuche anregen.

Alois Glück
Hörzing, Januar 2010

Teil 1

Die Finanzkrise ist kein Zufall

Ratlose Experten
und »Täter« ohne Einsicht

Weltwirtschaftsforum Davos, Januar 2008. Die Banken-krise und eine damit aufkommende Angst vor einer Rezession der Weltwirtschaft sind den mehr als 2000 Teilneh-mern des Weltwirtschaftsforums in die Glieder gefahren. Der Schock sitzt tief. Die internationalen Finanzmärkte, die die Triebfeder der weltwirtschaftlichen Verflechtung und Dyna-mik darstellen, sind ins Schleudern gekommen. Wenn sich hier Störungen einstellen, hat dies zwangsläufig Folgen auf das Gesamtsystem. Die Topmanager der Konzerne und die um sie versammelte Elite aus Wirtschaft und Politik sind sichtlich irri-tiert, finden aber keine rechte Begründung. Die Mechanismen und Wirkkräfte der Weltwirtschaft sind nicht mehr richtig erkennbar, geschweige denn erklärbar. Die Macher erschre-cken, sie verstehen ihr eigenes System nicht mehr. Die Globa-lisierung zeigt selbstzerstörerische Tendenzen.

In diesem Klima der Sorge applaudieren die Teilnehmer des Weltwirtschaftsforums Bill Gates, dem reichsten Mann der Welt, der als Antwort auf die sichtbar werdenden sozialen Probleme, das Auseinanderdriften von Arm und Reich, auf die Realität, dass eine Milliarde Menschen von weniger als einem Dollar am Tag leben müssen, einen »kreativen Kapitalismus« fordert. Was sich dahinter verbirgt, bleibt offen. Der Chef des Telekommunikations-Unternehmens China Mobile, Wang Jianzhou, wird dagegen konkreter und fordert laut Nachrich-tenagentur: »Unternehmen brauchen soziale Verantwortung und Visionen«. Andere Teilnehmer setzen sich für eine »Humanisierung der Globalisierung« ein. Die Führungskräf-

te werden offensichtlich der schweren Störungen im Gesamtgefüge der Globalisierung vor allem durch eine gefährliche
Entwicklung sozialer Spannungen gewahr, doch der Zusammenbruch von Großbanken und Finanzierungssystemen
beschäftigt zu diesem Zeitpunkt noch nicht. Trotz allem
Unbehagen angesichts der Unsicherheiten konnte sich wahrscheinlich in Davos niemand vorstellen, welch ungeheuerli-
che Dramatik und Dynamik innerhalb weniger Monate die
Krise entfalten würde. Die Wall Street in New York, das Zentrum des internationalen Kapitalismus und der Taktgeber der
weltweiten Wirtschaftstrends, wird kurz darauf vor dem totalen Zusammenbruch stehen. Die bejubelten amerikanischen
Investmentbanken, gepriesenes Vorbild für Ertrag, Modernität und Weitsicht, werden reihenweise kollabieren.

Als sich die Krise im weiteren Verlauf des Jahres 2008 geradezu explosiv entwickelt, sind die Reaktionen vielerorts die gleichen: Erschrecken, Schock und Furcht vor dem noch Kommenden. Ungläubiges Erstaunen seitens der ahnungslosen
Bevölkerung erntet der Vorstandsvorsitzende der Deutschen
Bank Josef Ackermann, als er im März 2008 erklärt: »Ich
glaube nicht mehr an die Selbstheilungskräfte der Märkte.«
Umgehend werden Forderungen nach radikalen Reformen
und Kontrollen der Finanzmärkte laut. Gleichwohl wird
Bundespräsident Horst Köhler heftig kritisiert und des Popu-
lismus bezichtigt, als er im Mai 2008 formuliert: »Jetzt muss
jedem verantwortlich Denkenden in der Branche selbst klar
geworden sein, dass sich die internationalen Finanzmärkte zu
einem Monster entwickelt haben, das in die Schranken gewie-
sen werden muss.« Ratlosigkeit greift um sich, nicht nur in der
staunenden Bevölkerung, sondern auch in der Expertenwelt.
Die Folge: Es kommt zu einem weitreichenden Rollenwechsel
zwischen Wirtschaft und Politik. Wurde jahrelang von den
Ökonomen der Eindruck erweckt, ja der Anspruch erhoben,
sie wüssten generell, was zukunftsweisend ist und wie richti-

ges politisches Handeln auszusehen habe, wurde in dieser veränderten Situation das Primat des Staates und des politischen Handelns allseits als Notwendigkeit erkannt. Ob dieser Rollenwechsel jedoch Bestand hat und akzeptiert wird, wenn die akute Krise überwunden ist, wird sich zeigen. Fest steht dagegen: Die Erfahrungen dieser Krisenzeit haben unausweichlich ordnungspolitische Konsequenzen im Hinblick auf die Aufgabenverteilung zwischen dem Staat einerseits und Markt und Wettbewerb andererseits.

Weil wir aus den Ereignissen dieser weltweiten Krise und ihrem Verlauf lernen können und lernen müssen, ist vor allem zu fragen, wie es zu diesem folgenreichen Wirtschaftskollaps kam und warum die Brisanz von Konstellationen und Entwicklungen auf finanz- und wirtschaftspolitischer Ebene nicht erkannt wurde. Der Hauptgrund für die Blindheit gegenüber Schwächen und Fehlentwicklungen ist wahrscheinlich in einem schlichten Mechanismus begründet, den wir auch in vielen anderen Lebensbereichen feststellen können: Erfolg macht blind. Lange wurde die alte Lebensweisheit, dass der Erfolg von gestern die größte Gefahr für den Erfolg von morgen ist, verkannt. Und dieses System der Geldschöpfung und eines starken Wirtschaftswachstums durch das Shareholder-Value-Prinzip war, gemessen am Faktor Bruttosozialprodukt, jahrelang sehr erfolgreich. Staaten wie die USA und Großbritannien, die sich an diesem Prinzip orientierten, verzeichneten ein Wirtschaftswachstum, das weltweit zum Vorbild erhoben wurde und zur Nachahmung in Zielsetzung und Maßnahmen drängte. Und wenn dieses Wirtschaftsmodell schon so erfolgreich ist und es alle machen, sagte man sich, muss es wohl richtig sein. Wer davor warnte, war nicht auf der Höhe der Zeit.

Wie ist es möglich, dass die ganze Fachwelt – von wenigen Ausnahmen abgesehen, die zu Außenseitern deklariert oder schlichtweg überhört wurden – mit so viel Selbstbewusstsein, aber gravierenden Fehlentscheidungen ins Verhängnis vorausmarschierte? Folgten die vermeintlichen Experten lediglich einem Herdentrieb? Dabei war es nicht das erste Mal – das Szenario gab es bereits. Bei der New-Economy-Krise Anfang dieses Jahrhunderts, bei der die sogenannte Dotcom-Blase platzte und viele IT-Unternehmen und deren Kapitalgeber ins Aus katapultierte, verhielt sich die agierende Fachwelt eigentlich ähnlich ignorant. Angesichts eines solchen Verhaltens darf es niemanden verwundern, dass bei den Menschen das Vertrauen in die Finanz- und Wirtschaftswissenschaftler wegbricht. Die Wirtschaftskrise wird zur Vertrauenskrise.

Doch können die Experten heutzutage überhaupt noch verlässliche Aussagen über ökonomische Zusammenhänge und Empfehlungen für eine günstige Entwicklung geben? Wie viel sind die modernen Rechenmodelle, bei denen die Menschen und ihre Verhaltensweisen kaum berücksichtigt werden, in Hinblick auf die Wirklichkeit und die Prognose zur Sicherheit wert? Schenkt man dem Vorsitzenden der Amerikanischen Notenbank, der für das Weltfinanzsystem und die Weltwirtschaft eine besondere Bedeutung hat, Glauben, dürften an der Stabilität des weltweiten Wirtschaftssystems keine Zweifel bestehen. Denn, so Ben Bernanke, das Wissen über makroökonomische Zusammenhänge sei so weit fortgeschritten, dass größere Wirtschaftskrisen ausgeschlossen werden könnten. Man habe alles im Griff und könne rechtzeitig gegensteuern. Dieses Credo verkündete er mit dogmatischer Sicherheit bis vor der Krise. Unwillkürlich denkt man an den Liedtext »Alles im Griff auf dem sinkenden Schiff«.

Die Ignoranz und der Hochmut der Finanzakteure aus der Zeit vor der Krise sind in die Schublade geschoben worden. Ad acta gelegt. Ob diese Einstellungen wirklich überwunden sind, muss man bezweifeln. Bislang haben sich die Verantwortlichen, die mit Spielkasino-Mentalität in der globalen Finanzwelt Geschäfte machten, sich zu ihrer Verantwortung und zu den Folgen ihres Tuns nicht bekannt. Unzählige Menschen sind ihre Opfer geworden, doch die Täter schweigen bestenfalls – viele arbeiten hinter den Kulissen für den Erhalt ihrer bisherigen Freiräume und Handlungsmöglichkeiten. Diese Verhaltensweisen aber sind eine Provokation, die die sozialen Spannungen in unseren Gesellschaften verschärfen und sachgerechte Lösungen erschweren. Mit welchem Recht will man von den Bürgerinnen und Bürgern verlangen, sich der Situation entsprechend zu verhalten und Einsicht zu üben, wenn zugleich dominante Kräfte aus der Finanzwirtschaft das Gegenteil vorleben?

Am Abgrund.
Vertrauen ist die wichtigste Währung

Die wie ein Unwetter hereingebrochene weltweite Finanz-krise, welche eine Wirtschaftskrise großen Ausmaßes nach sich zog, prägt die Gegenwart und jede Zukunftsplanung im Staat. Welche Folgen haben die Umstände für unsere Zukunft, meinen Arbeitsplatz, das Ersparte, unsere Wirtschaft? Welche Veränderungen meiner Lebenswelt ziehen die gigantischen Schulden nach sich? Kommt es früher oder später zu einer Inflation? Diese und ähnliche Fragen beschäftigen uns, auch wenn wir bislang aufs Ganze gesehen relativ glimpflich davongekommen sind. Oder wurde und wird die Krise vielleicht nur unnötig dramatisiert?

Im Juli 2009 wurden Protokolle bekannt, die belegen, wie haarscharf wir vor dem Zusammenbruch des Bankensystems und in der Folge vor dem totalen Kollaps der Wirtschaftskreisläufe standen. In Deutschland war der Auslöser die Krise der Hypo-Real-Estate, international nahm mit dem Zusammenbruch der internationalen Großbank Lehman Brothers die Krise ihren zerstörerischen Lauf. Am 15. September 2008 meldete Lehman Brothers Holdings in New York Konkurs an. Die größte Pleite eines Unternehmens, die die Welt je gesehen hat. Eine Firma, die noch sieben Monate vorher 42 Milliarden Dollar wert gewesen war, war nun wertlos. Diese Bank war, wie man es später formulierte, »systemrelevant«. Ihr Zusammenbruch wirkte wie der Bruch einer Antriebswelle im Getriebe. Lehman Brothers war in gut zehn Jahren zu einem Kraftwerk der Wall Street aufgestiegen. Der Gewinn war Jahr für Jahr von 113 Millionen Dollar 1994 auf

4,2 Milliarden Dollar 2007 gestiegen. Der Aktienkurs hatte sich in dieser Zeit verzwanzigfacht. Niemand konnte sich vorstellen, dass ein solch großes und mächtiges Finanzgebilde kollabieren könnte. Entsprechend groß war die Erschütterung weltweit. »Die Welt wankt«, so benannte die *Süddeutsche Zeitung* eine Sonderbeilage zur weltweiten Finanzkrise (29.04.2009).

Schnell zeigte sich, dass die wichtigste Währung im Finanzsystem ein immaterieller Wert ist, das Vertrauen. Wenn die Bürger das Vertrauen in die Sicherheit ihres Geldes bei der Bank verlieren, es in der Folge zu einem Ansturm der Sparer auf die Banken kommt, fällt das gesamte System wie ein Kartenhaus in sich zusammen. Diese Situation drohte am Sonntag, den 5. Oktober 2008. Seit dem offiziell bekannten Niedergang der Hypo-Real-Estate ab dem 28. September 2008 schwand das Vertrauen der Sparer in ihre Geldinstitute rapide, was sich darin äußerte, dass immer mehr Geld von den Banken abgehoben wurde. Wenn sich diese offensichtliche Unsicherheit zu einer Massenpanik gesteigert hätte, wäre das Bankensystem unweigerlich komplett zusammengebrochen. In dieser Situation wagte Bundeskanzlerin Angela Merkel am jenem Sonntag, den 5. Oktober 2008 – kurz vor der Eröffnung der Banken am darauffolgenden Montag in Asien –, die kühne Aussage: »Wir sagen den Sparerinnen und Sparern, dass ihre Einlagen sicher sind. Die Bundesregierung steht dafür ein.« Dieses Statement war ein Wettlauf mit der Zeit. Es verfolgte nur ein Ziel: die Gefahr eines Runs der Sparer auf die Banken und den dann folgenden Zusammenbruch des Finanzsystems in buchstäblich letzter Minute noch abzuwenden und Vertrauen zu schaffen. Glücklicherweise ging die Rechnung auf. Im Ernstfall jedoch wäre das Versprechen wohl kaum einzulösen.

Das Gute in diesem schlechten Film ist, dass sich die internationale Politik so handlungsfähig erwies und die Erfahrungen aus der Weltwirtschaftskrise Ende der 1920er-Jahre so sorgfältig ausgewertet worden waren, dass die zerstörerische Eigendynamik wenn nicht gebannt, doch gebrochen und somit das Schlimmste verhindert werden konnte. Doch die Lehre aus diesem Szenario ist eindeutig: Ein funktionierender Kapitalmarkt hängt am Tropf des Vertrauens, Vertrauen, das auch die Banken untereinander im Hinblick auf die Seriosität und Stabilität der jeweils anderen Bank als Partner brauchen. Dieses Vertrauen ist in der Branche stark zerrüttet und war in der akuten Phase ganz verschwunden, weil niemand mehr sicher sein konnte, ob er im täglichen Geschäft nicht Finanzprodukte angeboten bekam, die »vergiftet« waren, also nicht einen entsprechenden realen Gegenwert hatten, und ob nicht die Bank selbst durch den Besitz solcher früher hoch bewerteten, nun aber plötzlich wertlosen »Werte« gefährdet ist. Was ist die Folge einer solchen Verunsicherung? Wenn keine Kredite mehr oder nur zu ganz schwierigen Verbindungen vergeben werden, können Firmen nicht mehr investieren – das wäre, kurz gesagt, das Ende unserer Art zu wirtschaften. Im Wissen um diese Tatsache liegt auch die alleinige Begründung und Legitimation für den massiven Einsatz von Steuermitteln zur Rettung der »systemrelevanten« Banken. Die Schockwellen in der internationalen Finanzwelt führen bis heute zu schweren Lähmungserscheinungen und zu gigantischen Kapitalverlusten. Dies wiederum ist keine anonyme Größe: Viele Menschen verloren ihre Alterssicherung, ihren Arbeitsplatz und wurden in die Armut getrieben. Die Kosten des Krisenmanagements, unvorstellbar hohe Schulden, werden mehr als nur eine Generation belasten. Sie werden zentraler Teil aller zukünftigen Politik sein. Und zugleich warnen die Experten. Wenn wir aus der Krise nicht die notwendigen Konsequenzen ziehen, ist eine Wiederholung in noch größerer Dimension nicht ausgeschlossen. Deshalb müssen wir uns mit den Erkenntnissen und Erfahrungen aus dieser Krise gründlich auseinandersetzen.

Die Mechanismen der Finanzkrise

Die finanztechnischen Bedingungen und Mechanismen im Ablauf der Finanzkrise sind häufig beschrieben worden. Als ein wesentlicher Ausgangspunkt wird die Politik des billigen Geldes durch die US-Notenbank gesehen. Die stark vom Konsum abhängige wirtschaftliche Entwicklung in den USA wurde mit billigem Geld wieder angeheizt, wenn die Konjunkturzahlen einen Einbruch ankündigten. Exemplarisch dafür ist die Immobilienfinanzierung. Also immer wieder Finanzspritzen für die Förderung der Konjunktur und die Stabilisierung der wirtschaftlichen Entwicklung, wenn das System aus sich selbst heraus nicht mehr die gewünschte Leistung brachte. Erinnert dies nicht stark an die Praxis des Dopings im Sport? Wenn die natürlichen Kräfte nicht mehr ausreichen, um die geforderte oder erwartete Spitzenleistung zu erbringen, erfolgt eine Manipulation durch diverse Mittel. Jeder weiß, dass dies keine dauerhafte Lösung ist. Wenn es aber mehrere Jahre zum Erfolg führt, wird es zur Gewohnheit, man kann es sich gar nicht mehr anders vorstellen. Diese Entwicklung wurde durch eine Handlungskette mit fatalen Folgen gefördert: Die Akteure, die Verkäufer der Kredite, die Banken, die diese Kredite gaben, trugen kein Risiko. Die Risiken wurden weiterverkauft, verschleiert, in immer raffiniertere Mischprodukte umgewandelt und dann als ertragreiche Produkte in der ganzen Welt veräußert. Die Ratingagenturen, die diese Finanzprodukte bewerteten und mit Gütesiegeln versahen, handelten ebenso. Sie gingen kein Risiko ein, aber sie hatten die Schiedsrichterrolle, auf die sich all diejenigen verlassen haben, die solche Produkte erwarben. Das wurde zur Falle, auch für seriöse und verantwortungsbewusste Banker, Berater und Anleger.

Die Art der Immobilienfinanzierung in den USA hätte für sich allein genommen die Dimension der weltweiten Finanzkrise nicht ausgelöst. Allmählich wurde sichtbar, dass sich die Finanzwirtschaft weitgehend von der Realwirtschaft gelöst hatte und das Finanzvolumen den Gegenwert in der Realwirtschaft weit überstieg. Experten sprechen erst jetzt davon, dass das Mehrfache der Geldmenge im Umlauf war, die zur Finanzierung der Wirtschaft notwendig war. Die Schätzungen bewegen sich in der Bandbreite vom Vier- bis zum Zehnfachen. Genaueres weiß offenbar niemand. Konkret gesprochen: Es gab eine fiktive Wertschöpfung im internen System der Finanzwirtschaft, für die es real keinen Gegenwert gab. Es war »Wert« auf der Basis von Scheinwerten und Spekulation. Für die verfügbaren Geldmengen wurden Anlagemöglichkeiten gesucht, und da in der Realwirtschaft nicht so viel Geld gebraucht wurde, entwickelte sich daraus ein losgelöster Finanzmarkt mit spekulativen Werten und Erträgen auf hypothetischer Basis. Das zeigt sich besonders exemplarisch an der Entwicklung der Landesbanken in Deutschland. Die EU hatte das Ende der Staatshaftung verordnet und dafür eine zweijährige Übergangszeit gewährt. Mit der Staatshaftung im Rücken nutzten die Landesbanken diese Zeit, um besonders günstig Kredite aufzunehmen, die sie dann etwas billiger als die private Konkurrenz als Finanzierung verkauften. Auf diese Weise besorgten sie sich also noch möglichst viel billiges Geld. Aber wo damit wirtschaften? In der Realwirtschaft gab es keinen entsprechenden Bedarf. Also weltweit in den Kapitalmärkten mit entsprechenden Risiken Geld anlegen, arbeiten lassen. Andere Kapitalbesitzer, Banken und Fonds waren in einer ähnlichen Situation und zogen nach.

Es ist deshalb unredlich und kurzsichtig, wenn die Schuld an der Krise nur den Amerikanern zugeschoben wird. Im Wettlauf um Kapital, Erträge, attraktive Arbeitsplätze und Steuern wurden auch in Deutschland und in der Europäischen Union die Bedingungen für hochspekulative und entsprechend riskante Geldgeschäfte liberalisiert und damit erleichtert. Dabei wurde versäumt, als Gegengewicht eine regulative europäische Aufsicht zu installieren, im Allgemeinen in der EU keine übliche Zurückhaltung. Aber »die dynamischen Wachstumskräfte« sollten nicht gestört, nicht mit der Bürokratie von Regeln und Belegen belastet und so im weltweiten Wettbewerb benachteiligt werden. Die Regierungen und ihre Finanz- und Kontrollbehörden haben in der Folge den Überblick über die zunehmenden Verflechtungen der Banken und die wachsenden, aber verdeckten Risiken verloren. Da das Gesamtsystem über ein Jahrzehnt auch ökonomisch noch außerordentlich erfolgreich war, war der Einfluss der Akteure groß und der Bedenkenträger eben aus der Welt von gestern. Die Fusionen von Banken wurden gefeiert, die Gefahr solch großer Einheiten für ganze Volkswirtschaften und die Abhängigkeiten der Regierungen von solchen Machtzentren nicht erkannt. Schließlich schien ein Zusammenbruch von solch mächtigen Banken im Erfolgssystem Kapitalmarkt undenkbar. »Wer ist der Größte und damit Schönste und Attraktivste im Land?«, lautete die vorherrschende Parole. Diese Gesinnung spiegelte sich nicht zuletzt in den ständigen Klagen diverser Akteure wider, dass das deutsche Bankensystem mit seinem hohen Anteil an Genossenschaftsbanken und Sparkassen international gesehen kleinkariert und auf Dauer nicht wettbewerbsfähig sei. Zudem wurde die Wettbewerbsverzerrung durch die Staatsgarantie für die öffentlich-rechtlichen Banken (Sparkassen) in Brüssel erfolgreich weggeklagt – von Privatbanken, die dann unter den ersten waren, die ihrerseits Staatshilfe brauchten. Ironie der Geschichte.

In der Krise wurden die großen Banken jedenfalls in ganz anderer Weise »systemrelevant«, als man in Erfolgszeiten glaubte.

Jetzt hieß die Botschaft: Wenn sie untergehen, bricht das System des Blutkreislaufs in unserer Wirtschaft zusammen. Deshalb muss nun der Staat helfen, genauer der Steuerzahler – und die nachfolgenden Generationen. Der drohende Kollaps des Bankensystems und der Volkswirtschaften wurde aber notgedrungen mit demselben Mittel bekämpft, das zur Krise geführt hat: Man pumpte viel billiges Geld in das System. Dazu gab es vermutlich keine tragfähige Alternative, dass damit aber auch neue Risiken geboren wurden, liegt auf der Hand.

Die Wegbereiter zur globalen Krise

Wie kommt es, dass bei dieser Finanzkrise alle Länder betroffen sind, wenn auch unterschiedlich hart? Auch in der Vergangenheit gab es Einbrüche in den Märkten, einmal in den USA, dann in Asien, Russland und anderswo, aber noch nie gab es diese Gleichzeitigkeit einer weltweiten Krise. Warum? Die Antwort ist in der internationalen Verflechtung der Länder in Form der Globalisierung zu finden. Diese wiederum ist keine ganz neue Entwicklung. Die für die jetzige weltweite Situation entscheidenden Weichenstellungen erfolgten Ende der 1980er- und Anfang der 1990er-Jahre, als drei Phänomene zeitgleich tief greifende Veränderungen bewirkten:

1. Der Zusammenbruch des Kommunismus: Das Ende des Eisernen Vorhangs beendete die Aufteilung der Welt in feste, abgegrenzte Blöcke. Neue Dimensionen für den Welthandel wurden erschlossen.

2. Der Siegeszug der digitalen Informationstechnologie und die Kommunikation per Internet: Das ist die technische Grundlage für die weltweite Arbeitsteiligkeit, insbesondere auch für die Entwicklung der global verflochtenen Finanzwirtschaft.

3. Die Etablierung des angelsächsischen Leitbildes der Ordnungspolitik als »politische Leitwährung«, verbunden damit die Rollenverteilung zwischen Staat, Markt und Wettbewerb: Wettbewerb und Markt wurden nicht nur als die besten Strategien für Wachstum und wirtschaftlichen Erfolg gesehen, man richtete danach auch ein ganzes Ordnungssystem aus. Der Markt, so glaubte man, würde in der Selbstregulation auch allfällige Problemlösungen bringen. Als die politischen Wegbereiter dieser Entwicklung dürfen

die britische Premierministerin Maggie Thatcher und der amerikanische Präsident Ronald Reagan gelten. Sie bewirkten mit dieser wirtschaftlichen Ordnungspolitik in ihren Ländern einen neuen wirtschaftlichen Aufschwung, dessen Erfolg weltweit faszinierte Anhänger fand. So avancierte diese Wirtschaftsweise schnell zum nachahmenswerten Vorbild.

Das angelsächsische Leitbild der Ordnungspolitik wurde zum international erfolgreichsten und wirksamsten Maßstab für politisches und ökonomisches Denken und Handeln. Danach legten die internationalen Institutionen wie Weltbank und Internationaler Währungsfonds ihre Richtlinien für die Gewährung von Krediten an Staaten der Dritten Welt fest. Jenen wurde ohne Rücksicht auf gewachsene Kulturen und besondere Situationen dieses Leitbild aufgezwungen. Auch die Umstrukturierung in den postkommunistischen Ländern, die Umstellung von der Planwirtschaft zur Marktwirtschaft, wurde oft als Privatisierungspolitik im Sinne des angelsächsischen Leitbilds durchgesetzt. Es ist nicht vermessen zu behaupten, dass darin der Ausgangspunkt für die extremen sozialen Spannungen und die Spreizung der Vermögensverhältnisse in vielen postkommunistischen Ländern zu sehen ist. In Deutschland, in den einzelnen europäischen Ländern und auch in der Europäischen Union fand das angelsächsische Leitbild schnell Anklang. Jedoch wurde bei seiner Adaption in Kontinentaleuropa verkannt, dass die kulturelle Grundlage dieser Politik vor allem in den USA ein völlig anderes Verständnis von Eigenverantwortung, Solidarität und der Rolle des Staates voraussetzt. Dennoch wurde der gepriesene Wirtschafts- und Wachstumserfolg in den USA und England zunehmend auch zum Vorbild in der hiesigen politischen Diskussion. Maßstäbe für Wettbewerb und Deregulierung wurden entsprechend neu gesetzt. Wenn heute von Ökonomen die Krise als »Staatsversagen« deklariert und damit die Schuld dem Staat und der Politik zugeschoben wird, weil man es ja versäumt habe, diesen Wettbewerb und diese Entwicklungen mit wirksamen Regelungen zu steuern und zu begrenzen, empfinden dies viele Politikerinnen und Politiker als Zynismus. Denn dieselben Akteure in den Wirtschaftsverbänden und in der Wissenschaft haben die Politik zuvor bei der Durchsetzung ihrer ordnungspolitischen Ideale hinreichend unter Druck gesetzt. Das Leitbild der Sozialen Marktwirtschaft oder gar der christlichen Soziallehre und der evangelischen Sozialethik wurde dagegen abfällig als »überholter, rheinischer Kapitalismus« verhöhnt.

Es ist wichtig, sich dies zu vergegenwärtigen, um die Ursachen der Entwicklung und die Notwendigkeiten von Richtungsentscheidungen besser zu verstehen. Das Ringen um neue Regeln für die internationalen Finanzmärkte erweist sich jedenfalls als ein mühsames Geschäft. Nach der Schockerstarrung in der Anfangsphase der Krise herrscht nun ein zäher Kampf zwischen den Initiatoren für eine Neuordnung und den Abwehrkräften, die ihre Spielräume nicht aufgeben wollen und dies mit dem Segen eines starken Wachstums und wirtschaftlicher Freiheit begründen.

Erst die kommenden Jahre werden zeigen, wie erfolgreich die eingeleiteten neuen Ordnungen sind. Die Regelungen, die auf mehr Transparenz und wirksame Kontrolle abzielen und den Abbau falscher Anreize wie kurzfristig gewährte Erfolgsprämien fördern, sind neben weiteren Maßnahmen unabdingbar notwendig. Sie haben aber letztlich nur den Charakter von Instrumenten. Die alles entscheidende Aufgabenstellung ist jedoch die Verbindung von ideellen Werten und einem konkreten Instrumentarium. Ohne zu wissen, wohin man will, nutzt das beste Instrumentarium nichts. In der Diskussion um die Ursachen der Krise und die daraus zu ziehenden Konsequenzen wird dies zu häufig als zwei getrennte Welten behandelt. Dabei wird übersehen, dass die eigentlichen fundamentalen Gründe für die Krise die das Handeln prägenden Werte unserer Zeit sind.

Kulturwandel – der Wegweiser
in die Krise und aus der Krise

Es stellt sich somit die Frage, welche Wertvorstellungen und Leitbilder uns in diese verhängnisvolle Krise geführt haben. Ohne diese Frage zu klären, werden wir auch keine Leitbilder und Ordnungen entwickeln können, die eine gute Zukunft verheißen. Offensichtlich sind vor allem zwei innere Veränderungen in unseren Gesellschaften, die den Weg ins Verhängnis geprägt haben:

1. Die Trennung vom Anspruch auf Freiheit und Selbstbestimmung einerseits von der Bereitschaft, Verantwortung für sich selbst, für die Mitmenschen und das Gemeinwesen zu übernehmen, andererseits.
2. Der Wandel vom längerfristigen Denken zur kurzfristigen Erfolgsorientierung.

»Die Einführung der amerikanischen Bilanzierungsrichtlinien haben zu einem tief greifenden Kulturwandel in unserer Firma geführt«, berichten Finanzvorstände von Konzernen. Und mit dem Begriff »Kulturwandel« geben sie den Umstand, der der Krise zugrunde liegt, einen Namen, der nicht treffender sein könnte. Denn ein Kulturwandel fördert allgemein anerkannte Strukturen, denen sich der Einzelne kaum entziehen kann. Nicht wenige Manager haben unter dem Druck der Quartalsberichte für die Börse und die Erwartungen ihrer Eigentümer sehenden Auges Firmenstrategien realisiert, die für die längerfristige Entwicklung und die Zukunftsfähigkeit des Unternehmens schädlich waren. Diese Haltungen wurden durch die entsprechende Ausgestaltung der Erfolgsprämien ebenso gefördert wie die Verdrängung der negativen Folgen solchen Tuns. Derartige Feststellungen können und dürfen den Einzelnen von seiner Verantwortung nicht freisprechen. Aber bevor wir über die Manager schimpfen und sie anklagen, soll sich jeder über seine eigenen Verhaltensweisen Rechenschaft geben. Wie reagieren wir, wenn wir Ersparnisse längerfristig anlegen möchten? Auch der konservative Anleger orientiert sich daran, welche Bank welche Zinsen bezahlt. Und wenn wir unsere Altersversorgung in einem Pensionsfonds teilweise oder ganz gestalten, werden wir sehr genau beobachten, welche Erträge das Management dieses Fonds für das eingelegte Geld erwirtschaftet. Diese selbstkritische Reflexion soll uns helfen, nicht zu vordergründig zu moralisieren und die prägende Wirkung von Strukturen, Anreizsystemen und persönlichem Nutzen zu erkennen. Das aber relativiert nicht die besondere Verantwortung derer, die Entwicklungen prägen, Weichen stellen, Führungsverantwortung übernommen haben. Sie dürfen aus der Rechenschaftspflicht für ihr Tun und ihre Versäumnisse nicht entlassen werden. Doch leider kann von selbstkritischen Äußerungen der Führenden in der Finanzwelt wenig berichtet werden. Wenn die Cleveren, die mit möglichst wenig Anstrengung überall möglichst viel herausholen, beneidete Vorbilder sind, wenn »dumm« ist, wer nicht alles ausschöpft und ausnutzt, egal ob Manager oder Sozialhilfeempfänger, führt dies zu Verhaltensweisen, die jetzt häufig beklagt werden. Wenn Redlichkeit und die Maßstäbe des »ehrbaren Kaufmanns« am Markt immer weniger Chancen haben und als antiquiert belächelt werden, führt dies zu den Exzessen der Cleveren, einschließlich der kritisierten Millionenabfindungen.

»Kulturwandel« – das ist also der Wegweiser in die Krise – und folglich auch aus der Krise. Ohne kulturelle Veränderung haben wir keine Chance auf eine dauerhaft positive Entwicklung. Es gilt eine Form des Miteinanders zu schaffen, in der eine Kultur der Verantwortung herrscht und Strukturen eingezogen werden, die diese Verantwortung verbindlich machen. In der Sozialethik spricht man in diesem Zusammenhang von »Institutionenethik«, das heißt von einem Normenverständnis, das aus öffentlich garantierten und respektierten Ordnungen (Institutionen) erwächst, in denen das Zusammenleben der Menschen nach kulturellen Mustern und Zwecken und in Rücksicht auf die Entfaltungsmöglichkeiten des Einzelnen zum Wohle des Gemeinwesens geregelt wird. Institutionen werden somit zu Trägern von Werten und Ideen und verleihen ihnen einen organisatorischen Ausdruck in der jeweiligen Gesellschaft. Im Umkehrschluss bedeutet dies auch, dass wir uns mit unseren Leitbildern, unserem Lebensstil und Konsumverhalten kritisch auseinandersetzen müssen, kurz Werten, die uns in die Krise geführt haben. Ihre Ursache allein auf das Fehlverhalten von einzelnen Personen, die Gier anderer zu schieben, wäre folglich nicht nur falsch und gefährlich, sondern auch eine verkürzte Sicht der Dinge.

Kapitalismus ohne Verantwortung und Haftung – Blick in eine kranke Welt

Positive wie negative Entwicklungen dokumentieren sich immer am sichtbarsten in Extremen. Dies gilt auch für den Finanzkapitalismus. Sein Aktionsraum ist durch zahlreiche Verflechtungen international, seine Akteure sind die Finanzmanager für Geldanlagen und Vermögensverwaltung, die im Auftrag der Banken handeln, seine Aktionsformen spiegeln sich in Firmenverkäufen, Fusionen etc. In diesem Milieu wurden und werden die weitreichenden, jetzt die gesamte Weltbevölkerung betreffenden Entscheidungen getroffen. Umso bedrückender sind die Berichte von Akteuren über ihre Erfahrungen aus dieser Welt.

Offen beschreibt eine anonym bleibende Börsenhändlerin in einem Zeitungsbericht der *Süddeutschen Zeitung* vom 01.04.2009 den Erfolgsdruck, der auf allen Akteuren lastet. »Sie sitzen auf 500 Millionen Euro und müssen in Sekunden entscheiden, was sie machen« – in dieser Situation höchster Anspannung verliere man schnell das Gefühl für Milliardensummen und für die Menschen außerhalb des Handelssaals. So wettet sie vor dem Krieg im Irak auf den Anstieg von Öl- und Rüstungsaktien, nimmt zusammen mit Kollegen zehntausende Anleger ins Visier und konstruiert für sie Wertpapiere extra komplex, um hohe Gebühren zu verschleiern. Die Privatanleger kaufen und die Zertifikate erleben einen Boom, ohne dass die Banker auf die Gefahren, die für die Banken selbst bestanden, achteten. Stattdessen war es zur Gewohnheit geworden, Kreditrisiken in Milliardenhöhe zu verschieben, bis keiner mehr wusste, wer welche Risiken trägt.

Geraint Anderson, ein britischer Finanzmanager, war im Londoner Finanzviertel als Wertpapierhändler für verschiedene Banken tätig. Auf die Frage, was aus seiner Sicht die Hauptursache für die Finanzkrise ist, sagt er:»Es ist die ausufernde Bonusmentalität in der Branche. Die Banker und Broker werden zu immer riskanteren Geschäften getrieben. Alles nur, um eine saftige Prämie am Ende des Jahres zu erhalten. Das ganze System treibt eine gefährliche Gier an. Man spielt letztlich mit dem Geld anderer. Bislang gab es viel zu wenige Kontrollen. Die Börsenaufsichtsbehörden haben versagt. Das muss sich ändern. Ansonsten steht uns die nächste Spekulationsblase schon bevor« (aus: Die Gebote der Gier, *Süddeutsche Zeitung* vom 01.04.2009).

Und Rudolf Wötzel, ein in dieser Welt beruflich extrem erfolgreicher deutscher Banker, gibt in seinem Buch *Über die Berge zu mir selbst* ein erschütterndes Zeugnis über die Auswüchse des puren Finanzkapitalismus. Er schildert eine Welt, die durch und durch von Angst und Gier geprägt ist, ein Treibhaus mit eigenen Regeln und Gesetzen sowie Verhaltensweisen, die man getrost als Suchtverhalten und hochgradig neurotisch beschreiben kann. Sein Geständnis legt offen, dass die Verantwortlichen der Banken die interne Firmenkultur gezielt so gestalten, dass die darin arbeitenden und lebenden Menschen keine andere Chance haben, als sich den Gepflogenheiten anzupassen. Wer es nicht tut, fliegt raus – Rudolf Wötzel hat den Absprung von selbst geschafft, vor der Krise. Er hat sich der fehlgeleiteten Institutionenethik entzogen.

Gelingt die notwendige Kursänderung?

Im Sommer 2009 kommen die ersten Prognosen, dass das Schlimmste überstanden sei und die ersten Schwalben als Ankündigung eines neuen wirtschaftlichen Sommers gesehen wurden. Die Zeichen werden unterschiedlich gedeutet, niemand weiß, ob daraus eine tragfähige Entwicklung wird und wie lange diese anhält oder ob es sich um ein kurzes Zwischenhoch handelt. Bereits ein Stillstand der Abwärtsbewegung ist ja tatsächlich eine positive Nachricht, allerdings keine Verbesserung der Situation. Dies alles reicht aber schon, um den Kräften, die sich gegen wirksame Veränderungen in der Finanzkultur stemmen, erneut Auftrieb zu geben. Die Verhandlungen der Politik auf internationaler Ebene über eine Neuordnung der Finanzmärkte, über verschärfte Kontrollen, unabhängige und internationale Institutionen für diese Aufgabe, werden immer zäher. Das »Ja-aber-Prinzip« feiert fröhliche Urstände.

Andererseits mehren sich die Stimmen, die in den eingeleiteten Maßnahmen der Belebung durch viel und billiges Geld die Weichenstellung für die nächste und dann noch größere Krise sehen. In der Weltpolitik wächst die Tendenz, dass viele Staaten wieder ihren nationalen Vorteil suchen, obwohl gerade diese Finanzkrise zeigt, dass alle Länder ohne Ausnahme betroffen sind und es sich hier um ein gemeinschaftliches Problem handelt. Während also die Wirtschaft in der schwersten Krise seit dem Zweiten Weltkrieg steckt, zig-Millionen Menschen ihren Arbeitsplatz, ihre Alterssicherung, ihr Erspartes verloren haben, geht es in den Finanzvierteln von London und New York schon wieder recht lustig zu. Allen Absichtserklärungen und Beteuerungen im Schock der Krise zum Trotz ist von einer Neuorientierung der Finanzmärkte oder einer grundlegenden Änderung der Bankenregulierung in den Metropolen wenig zu spüren. Banken, die im großen Maßstab in den Wertpapiergeschäften auf den internationalen Finanzmärkten tätig sind, locken die Händler, die schon in der Vergangenheit das große Rad gedreht haben, mit exorbitanten Gehältern, denn sie bringen der Bank wieder Geld. Diese Händler verdienen mehr wie die Vorstände derselben Bank. Und Wertpapierhändler von Banken, die es nur durch staatliche Garantien überhaupt noch gibt, erhalten mehr Bonuszahlungen als zuvor. So haben neun US-Banken, die 2008 mit Staatsgeldern gestützt wurden, gleichzeitig Boni im Umfang von 33 Milliarden Dollar ausgeschüttet. Fast 5000 Mitarbeiter haben zusätzlich zu ihrem Grundgehalt je mehr als eine Million Dollar verdient (vergleiche dazu *Die Welt* vom 21.08.2009). Diese Tatsachen zeigen vor allem eines: Es wird eine doppelte Moral praktiziert – mit Blick auf die Krise wird das hochriskante spekulative Geschäft verurteilt, in der Praxis werden mit noch kurzfristigeren Bonussystemen und Anreizen die Akteure mehr denn je zu solchen Geschäften verführt. Das sind brennende Lunten für unsere Gesellschaftsordnung und für das Vertrauen in Staat, Demokratie und Politik.

In dieser Situation jedoch ringen im September 2009 die Regierungschefs der G-20-Staaten auf der Konferenz in Pittsburgh (USA) um wirksame Begrenzungen und Regeln für die internationalen Finanzmärkte. Die Nachrichten aus der Vorbereitungszeit zu diesem Gipfeltreffen lassen kaum wirksame Regelungen erwarten. Doch vielen ist bewusst, nur ein international abgestimmtes koordiniertes Vorgehen kann zum Erfolg führen. So wird es notwendig sein, auf die Gegenkräfte Druck auszuüben, dass eine wirksame Reform für den gesamten Bereich des Bankensystems auf die Beine gestellt werden kann. Sollte aber ein Land oder gar mehrere relevante Länder in diesem System nicht mitmachen, werden sich dort die neuen Oasen des internationalen Kapitals konzentrieren und den gesamten Kapitalfluss in der Welt steuern. Daraus entstehen für alle nationalen Regierungen Zugzwänge, die die notwendige Reform letztlich scheitern lassen. Deshalb lautet die Schlüsselfrage: Wird es gelingen, die Akteure in der internationalen Finanzwelt durch gemeinsame Regeln so zu entmachten, dass dieser für die ganze Welt ruinöse Wettbewerb endgültig überwunden wird? Das Ergebnis der Gipfelkonferenz der G-20 in Pittsburgh ist überraschend konkret. Die Regierungschefs verständigten sich grundsätzlich auf ein Bündel von Maßnahmen zur Kontrolle der Banken und der Abläufe im internationalen Finanzmarkt. Offensichtlich hat die Europäische Union – und hier vor allem die deutsch-französische Interessengruppe – sehr effektiv gearbeitet.

Doch der tatsächliche Wert der Beschlüsse ergibt sich nicht aus der politischen Konstellation, sondern aus dem, was notwendig ist, dass sich eine solche weltweite Krise nicht wiederholen kann. Das Urteil ist gespalten. Die Bewährungsprobe kommt mit der Umsetzung der Beschlüsse, den Ausführungsbestimmungen und mit der Demonstration der notwendigen Gemeinsamkeit im Handeln. Weitgehend einig sind sich jedoch die Fachleute, dass ohne wirksame weltweite Regeln sehr wahrscheinlich eine weitere und noch größere Krise mit dann unermesslichen Schäden folgen wird. Dabei könnte der Bestand ganzer Volkswirtschaften und der Demokratie auf dem Spiel stehen. Bevor wir aber ein solches Schreckensszenario ausmalen, sollten wir in den G-20-Beschlüssen eine Wendung der Weltpolitik hin zum Positiven sehen. Das Ergebnis gibt durchaus Anlass zu Zuversicht und Hoffnung. Größte Wachsamkeit für die weitere Entwicklung ist aber geboten.

Gutes Krisenmanagement oder unverantwortliche Erblast?

Die Politik wurde von der Dynamik und der Dimension der Finanzkrise ebenso überrascht wie die ganze Fachwelt des Bankwesens. Rat- und Hilflosigkeit, wohin man blickte. Aber wie sollte es auch die Politik besser wissen als all diejenigen, die in Vermögensfragen als Experten gelten oder galten, die ja gerade in ökonomischen Fragen die Politik zuvor ständig belehrten, was richtiges Handeln ist. In Windeseile vollzog sich aber ein Rollenwechsel. Die Politik sollte es wieder richten, ja, die Krise offenbarte, dass das durchgreifende Handeln der Politiker und die Autorität des Staates in einer solchen Situation geradezu unverzichtbar sind. War in den vergangenen Jahren bei immer mehr Menschen der Eindruck entstanden, dass die Wirtschaft der Politik diktiert, wo es langgeht, war nun die Vorherrschaft der Politik gegenüber der Wirtschaft und allen gesellschaftlichen Kräften eindeutig und wurde sogar allgemein erwartet. Wie bei anderen Ereignissen auch wird man manches Tun und Lassen später differenzierter und bezüglich der Folgen sicher auch kritischer sehen, den Handelnden aber kann man im Urteil nur dann gerecht werden, wenn man sich in ihre Lage versetzt, das heißt in die jeweilige Situation, in der gehandelt werden musste.

Auch mit zeitlichem Abstand gilt, dass sich die Politik in Deutschland und in der weltweiten Koordination in einem Ausmaß als handlungs- und entscheidungsfähig erwiesen hat, wie dies vorher niemand erwartet hätte. Zu einer genauen Aufarbeitung der Krise wird deshalb gehören, dass ebendiese Erfahrungen sorgfältig bedacht und in die notwendigen ordnungspolitischen Weichenstellungen der Aufgabenverteilung zwischen Staat und Bürgern, Politik und Wirtschaft einbezogen werden. Fest steht, dass die Situation der Politik in der Akutphase der einer Feuerwehr glich, die zu einem Brand gerufen wird und zunächst alle ihre Kräfte darauf konzentrieren muss, den Brand einzudämmen und dann zu löschen. Unter diesen Bedingungen kann keine tiefgründige Ursachenerforschung betrieben werden, vielmehr waren gezielte Aktionen gefragt. Die Verantwortlichen in der Politik standen unter einem außerordentlichen Handlungsdruck, fachlich und emotional. Zu den Besonderheiten dieser Situation zählte auch, dass man nicht auf Erfahrungen aus der Vergangenheit zurückgreifen konnte, um daraus das richtige Vorgehen ableiten zu können. Hier ließe sich, anbei bemerkt, eine Parallele zur Situation der Wiedervereinigung der beiden deutschen Staaten ziehen, bei der erstmalig ein kommunistisches und planwirtschaftliches System in eine freie Gesellschaft transformiert wurde.

Der politisch verordnete Einsatz von Finanzmittel und Entscheidungen, die mit der klassischen Lehre der Ordnungspolitik nicht vereinbar waren, wurden bestimmt von der Aufgabe, den Zusammenbruch des gesamten weltwirtschaftlichen Systems durch einen Kreislaufkollaps in der Finanzwirtschaft zu verhindern. Was ist notwendig, was richtig, wo und wann eingreifen und in welchem Umfang? Dass etwas getan werden musste, war klar. Die Erinnerung an die Weltwirtschaftskrise 1929 war allen gegenwärtig, ebenso ihre Eskalation, weil damals die politischen Machthaber nicht koordiniert und zügig eingegriffen hatten. Daraus zog man Lehren.

Zu einem Kriterium für Hilfeleistung oder verweigerte Hilfe wurde nun die Kategorie »Systemrelevanz«. Damit sollte der Maßstab beschrieben und das Handeln erklärt werden, warum man in einem Falle mit staatlichen Finanzleistungen oder Garantien Unterstützung gewährte und im anderen Falle nicht. Um dies der Allgemeinheit verständlich nahebringen zu können, bedurfte es einer fachlichen Kompetenz, die den Ernst der Lage sachgerecht durchdringen und die zu lösenden Problemstellungen adäquat und umsichtig erfassen konnte, und einer entsprechenden Vermittlungsfähigkeit seitens der Politik. Ob dies erfolgreich geleistet wurde, sei dahingestellt, aber diese Frage richtet sich nicht nur an die Politik, sie gilt auch für die führenden Repräsentanten der Wirtschaft und der Wissenschaft, die sich öffentlich zu Wort meldeten. Doch anstatt für mehr Transparenz und Klarsicht in der Bevölkerung zu sorgen, bewirkten die zahlreichen Kommentare und Äußerungen aus den verschiedenen Lagern das Gegenteil: Für die Bürgerinnen und Bürger wurde es immer schwieriger zu durchschauen, nach welchen Maßstäben diese politischen Entscheidungen getroffen wurden – ganz abgesehen von der Tatsache, dass es für den Einzelnen nicht wirklich ausschlaggebend ist, wie die Beschlüsse zustande kommen, wenn es um die Rettung seines Arbeitsplatzes oder um die Entwicklung in seiner Region geht.

Zugegeben, all diese Umstände gilt es zu berücksichtigen, wenn man im Nachhinein über die Rolle der Politik und über die Qualität ihrer Entscheidungen urteilen möchte. Dieser Hinweis soll aber kein Freibrief für das Getane und Unterlassene sein. Und so kann man zumindest sehr unterschiedlicher Meinung sein, ob die milliardenteure Abwrackprämie für die Verschrottung alter Autos gekoppelt mit dem Kauf eines Neuwagens eine angemessene und zielführende Maßnahme zur dauerhaften Belebung der deutschen Fahrzeugindustrie war und der Mitteleinsatz in einem Verhältnis zur Wirkung stand und steht. Diese Prämie ist aber ein exemplarisches Beispiel für den immer wieder übermächtigen Druck, bestehende Strukturen zu konservieren, anstatt notwendigen Strukturwandel zu fördern und neue Entwicklungen voranzutreiben. Andere Länder wie die USA haben ihre Konjunkturprogramme dagegen stärker auf Zukunftsinvestitionen ausgerichtet und somit den staatlichen Eingriff in die Wirtschaft, der zur Bewältigung der Krise nötig war, konsequenter mit einem offensichtlich dringenden Strukturwandel und einer weitblickenden Zukunftsorientierung verbunden.

Offensichtlich ist auch, dass die fachliche und emotionale Gemengelage zu einer gewissen Großzügigkeit führte, was das Geldausgeben betrifft. Darin steht der Bund den Ländern und die Länder den Kommunen in nichts nach. Doch sollte uns bewusst sein, dass diese Kosten uns in den nächsten Jahren noch massiv belasten werden. Aber wenn wir schon Milliarden zur Rettung der Banken ausgeben können, so hörte man landauf, landab, dann müssen wir doch auch entsprechend die Mittel für Anliegen der Arbeitnehmer, soziale Aufgaben, Maßnahmen in der Bildungspolitik bereitstellen. Die Verschuldung in den öffentlichen Haushalten wuchs binnen kurzer Zeit exorbitant. Die Risiken für die Zukunft jedoch sind groß und kaum kalkulierbar. Das zeigt sich besonders für den Bundeshaushalt, der nun vor schier unlösbaren Aufgaben der Finanzierung steht.

Doch kehren wir zurück zu den Fakten: Für die Stabilisierung des Finanzmarktes und der wirtschaftlichen Entwicklung wurde mit dem Finanzmarktgesetz vom 18. Oktober 2008 das Sondervermögen »Finanzmarktstabilisierungsfond« (FMS) errichtet. Ein Finanzhaushalt außerhalb des Bundeshaushaltes – ähnliche Regelungen wurden für die Finanzierung der Wiedervereinigung eingeführt. Zur Durchführung der Stabilisierungsmaßnahmen ist der FMS mit einer Garantieermächtigung von 400 Milliarden Euro und Kreditermächtigungen von 80 Milliarden Euro (zzgl. 20 Milliarden Euro für etwaige Ausfälle bei Garantien) ausgestattet. Die Auswirkungen dieser Maßnahmen auf die tatsächliche Belastung des Bundeshaushalts und damit auf die Steuerzahler lassen sich gegenwärtig nicht prognostizieren. Sie hängen von der Inanspruchnahme der Kapitalhilfen, der Ausfallquote der übernommenen Garantien und der Werthaltigkeit der erworbenen Vermögensgegenstände ab.

Anders ist die Situation für den regulären Bundeshaushalt, hier liegen schon konkrete Zahlen vor. Der Finanzplan des Bundes 2008 bis 2012 vom Juli 2008 sah lediglich eine Nettokreditaufnahme für die Jahre 2009 und 2010 in Höhe von 10,5 bzw. 6 Milliarden Euro (insgesamt 16,5 Milliarden Euro) und anschließend kein Finanzierungsdefizit bis 2013 vor. Demgegenüber enthält der Finanzplan 2009 bis 2013 eine voraussichtliche Nettoneuverschuldung von insgesamt 310 Milliarden Euro. Die Differenz von rund 290 Milliarden Euro dürfte in etwa die zurzeit absehbaren Folgen der Finanz- und Wirtschaftskrise bezogen auf den Bund darstellen.

Am schnellsten jedoch schlagen sich die Auswirkungen der Krise in den kommunalen Haushalten der Gemeinden, Städte und Landkreise nieder. Hier werden vor allem die durch die Krise bedingten Ausfälle bei der Gewerbesteuer die Budgets erheblich belasten.

Insgesamt gilt: Dafür, dass der totale Absturz vermieden wurde, werden wir einen hohen Preis bezahlen. Die finanziellen Folgen der Krise engen die Handlungsspielräume der Politik aller Ebenen für viele Jahre drastisch ein. Die Verteilungskämpfe um das knappe Geld werden härter werden, die sozialen Spannungen steigen. Groß ist auch die Gefahr, dass notwendige Investitionen in die Zukunft angesichts leerer Kassen unterbleiben. Wenn das passiert, hätten wir den angeschlagenen Status quo unseres Wohlstandes nur vorübergehend gerettet. Das größte Problem aber ist, dass wir, dass unser Volk und auch die politischen Akteure auf diese Situation und diese enormen Herausforderungen und notwendigen Anstrengungen nicht eingestellt sind. Jedenfalls war im Vorfeld der Bundestagswahl und angesichts der vielen Forderungskataloge an die neue Regierung das Prinzip Verdrängung ganz offensichtlich. Alles war auf das Ziel ausgerichtet, die Krise zu begrenzen und möglichst rasch die Situation von früher herzustellen. Man durfte die Situation nicht »schlechtreden«, durch »pessimistische« Prognosen nicht die Konjunktur gefährden. Für Politiker ist dies ein ganz besonders sensibles Thema. Denn wer möchte schon daran schuld sein, dass sich das Wirtschaftsklima, vor allem das Konsumklima, die Stütze der wirtschaftlichen Entwicklung in Deutschland, in den Jahren 2008 und 2009 verschlechtert und damit die Probleme noch rascher anwachsen? Doch genau dieses Verhalten führte zur kollektiven Verdrängung der Ursachen dieser Entwicklung und der Konsequenzen. Der Preis dafür ist, dass dadurch unser Land völlig unvorbereitet gewiss schwierigen und anstrengenden Jahren entgegengeht. Es droht, dass mit den nun kommenden noch weit schmerzlicheren Erfahrungen den Verantwortlichen der Politik Täuschung und Irreführung vorgeworfen wird. Sie werden zu den Schuldigen erklärt werden.

Aus einer solchen Situation heraus erwächst die Gefahr emotionaler Ausbrüche in der Gesellschaft, wie wir sie 2009 schon in Frankreich registrieren müssen, wo Arbeiter Fabriken besetzten und Manager tagelang gefangen hielten. Eine solche Emotionalisierung, die von Verschwörungstheorien, von Opferhaltung und Aggressionen geprägt ist, wäre aber die denkbar schlechteste Ausgangslage für die Bewältigung der kommenden harten Jahre. Deshalb sind die verantwortlichen Meinungsbildner aller Bereiche mehr denn je in der Pflicht, durch eine sachgerechte und ausgewogene Informationspolitik der Gesellschaft Orientierung zu bieten und dadurch eine Führungsleistung in schweren Zeiten zu erbringen. Dazu gehört auch, sich zu vergegenwärtigen, was die Alternative gewesen wäre, wenn die Politik trotz der damit verbundenen Verschuldung nicht mit massivem Geldeinsatz in die Wirtschaft eingegriffen hätte. Um es klar zu sagen: Ohne diese monetäre Intervention wäre es zu einem Zusammenbruch der Wirtschaft im eigenen Land und weltweit gekommen. Die damit verbundenen Folgen für uns und unsere Nachkommen wären noch weit gravierender als die mit den Rettungsmaßnahmen verbundenen Konsequenzen. Unabhängig davon, dass einzelne Maßnahmen und Entscheidungen diskussionswürdig sind, aufs Ganze gesehen, gab es in dieser Situation keine bessere Alternative.

Ist diese Krise auch eine Chance?

Das viel strapazierte Sprichwort »Jede Krise ist eine Chance« kann auch für diese Finanzkrise zutreffen – vorausgesetzt, dass daraus wirklich die notwendigen Schlussfolgerungen gezogen werden. Dies gilt vordringlich natürlich für die Regeln des internationalen Finanzmarktes, aber das allein wäre zu kurz gegriffen. Diese Krise hat Schwächen und Fehlentwicklungen in unserem Land wie auch weltweit zu einem Zeitpunkt offengelegt, wo Korrekturen noch Erfolg versprechen, national wie global. Und die Erfahrung lehrt, dass koordiniertes internationales Handeln als wirkungsvollste Maßnahme seinen Ausgangspunkt meistens in Bedrohungen hat: Die Bedrohungen durch Kriege oder durch Terrorismus sind dafür exemplarisch, aber auch die immer mehr gefühlte Bedrohung durch die Klimaveränderungen hat in den letzten Jahren zu einem Qualitätssprung in der internationalen Zusammenarbeit auf dem Gebiet des Umweltschutzes geführt, wie es vor wenigen Jahren noch undenkbar war.

Was die Finanzmarktkrise anbelangt, hat sie die internationalen Staaten zu einer neuen Form und Tiefe der Kooperation genötigt, deren Vorteile sich auch auf andere globale Aufgaben auswirken dürften. Dazu gehört auch der Abschied vom G-8-Gipfel, der Konferenz der acht zuerst entwickelten großen Industrienationen, und die Etablierung der G-20-Konferenz an seiner Stelle, welche nun die Beteiligung aller wichtigen Wirtschaftsländer am Gespräch gewährleistet. Abgesehen von der Erstellung neuer verbindlicher Regeln für den internationalen Finanzmarkt sollte die Finanzmarktkrise darüber hinaus auch als gegebener Anlass dienen, die Weltwirtschaft insgesamt zukunftsfähiger zu gestalten. Als erstes Anzeichen dafür sind die auf europäische Initiative hin ergriffenen Maßnahmen gegen die Steueroasen als Magneten für Kapitalflucht und Kapitalansammlung zu werten. Die Steueroasen werden nun in ein international gültiges Ordnungssystem gezwungen, das faire Ausgangsvoraussetzungen für alle schaffen kann. Als nächsten Schritt ist es notwendig, ebenso konsequent gemeinsame und verbindliche Regeln für den internationalen Kapitalmarkt durchzusetzen, wobei hier nicht nur exotische Standorte auf Inseln in den Blick genommen werden müssen. In den letzten Monaten war überdeutlich zu spüren, wie sehr sich vor allem die klassischen Kapitalstandorte wie London und New York neben einigen anderen gegen solche Regeln wehren. Wenn aber nur ein Land sich einer solchen Selbstdisziplinierung verweigert, sind die Regelungen auch für die anderen Länder hinfällig und die ganze Anstrengung ist umsonst. Eine wirklich gute Perspektive für unsere gemeinsame Zukunft in dieser Welt ist aber nur erreichbar, wenn all die Einzelmaßnahmen in ein neues Gesamtkonzept, in eine Neuorientierung der Globalisierung eingebunden werden. Der jetzige Globalisierungsprozess ist, wie später noch dargelegt wird, augenfällig einseitig ausgerichtet: auf Ökonomie und hier wiederum vor allem auf die Rendite des Kapitals.

Natürlich sind Veränderungen in unterschiedlichen Interessensgeflechten extrem schwierig. Die Finanzmarktkrise hat uns aber gelehrt, dass wir in einem bislang kaum bewussten Umfang bereits voneinander abhängig sind, als Schicksalsgemeinschaft in einem Boot sitzen. Deshalb sind trotz aller Hindernisse die Chancen zu einer Neuausrichtung der Ziele unserer Weltwirtschaft als Teil einer ganzheitlichen Orientierung für die Zukunft des Planeten Erde jetzt erheblich größer als vor wenigen Jahren. Diese Einsicht ist nicht nur eine Aufforderung an die Führenden der Nationen und internationale Organisationen, sondern sie gilt auch für jeden Einzelnen von uns. Jetzt ist unsere Bereitschaft gefordert, solche neuen Wege mitzugehen. So gesehen, führte uns die Finanzmarktkrise an einen Scheidepunkt. Hier stehen wir nun und haben die Wahl: Lernen wir aus dieser bitteren Lektion und gewinnen damit neue und gute Perspektiven für die Zukunft – für uns, unsere Nachkommen und die Welt – oder verdrängen wir weiter und steuern auf noch größere und folgenschwerere Erschütterungen zu?

Teil 2

In der Sackgasse –
Leben ohne Zukunft

Zeit zum Umdenken

Leben kann man nur vorwärts, das Leben verstehen nur rückwärts.« Diese Erkenntnis des dänischen Philosophen Søren Kierkegaard gilt nicht nur für den eigenen Lebensweg, sie besitzt auch für gesellschaftliche und geschichtliche Entwicklungen Gültigkeit. Je näher uns die Ereignisse sind, persönlich und zeitlich, umso befangener sind wir, sie wirklich objektiv und in ihrer mittel- und langfristigen Bedeutung zu beurteilen. Dieser Tatsache bewusst, müssen wir uns gerade in Phasen des Umbruchs bemühen, die Zeichen der Zeit, die Entwicklungslinien, die aus der Vergangenheit zur aktuellen Situation geführt haben, sowie die Tendenzen, die sich für die Zukunft herauskristallisieren, zu erkennen und zu verstehen lernen. Nur so können wir aus der Summe der Faktoren die nötigen Konsequenzen ziehen. Dabei ist gerade in solchen schwierigen Momenten der Veränderung die Bringschuld aller groß, die in Führungsverantwortung stehen und die in gesellschaftlichen Verbänden, in der Wissenschaft oder in der Publizistik zur Meinungsbildung beitragen. Sie müssen durch gezielte und fundierte Informationen Orientierung für die Bevölkerung bieten, sie müssen die Entwicklungen und die sich daraus ergebenen Notwendigkeiten verständlich machen und entsprechend ihrer Position als Führungskraft handeln. Darin besteht auch die besondere Herausforderung und Verantwortung der Politik und ihrer Politiker. Aber nicht nur derer. Politisches Handeln ist eine gemeinsame Aufgabe aller Staatsbürger im Gefüge ihrer jeweiligen Lebenssituation und Aufgabenstellung. Jeder von uns steht in der Pflicht, seinen persönlichen Umständen und Möglichkeiten nach Zusammenhänge und Ursachen aufzuzeigen und auf der Basis der gewonnenen Erkenntnisse langfristige Perspektiven für die Zukunft zu eröffnen. Das ist auch die wirksamste Maßnahme gegen allfällige Verschwörungstheorien oder ungerechtfertigte Opferrollen, gemäß dem Motto »Ich kann nichts dafür« oder »Mich fragt eh keiner«.

Eine Gefahr, die uns stetig begleitet und der wir nur allzu leicht anheimfallen, ist der Mechanismus der Verdrängung: das Angenehme genießen, das Unangenehme verdrängen, vor allem wenn es uns Veränderungen abverlangen würde. Das war auch schon die bittere Erfahrung von Ludwig Erhard. »Wohlstand für alle« hörten seinerzeit alle gern. Als er aber vom notwendigen »Maßhalten« sprach, von erforderlichen Beschränkungen und davon, dass es keine lineare Fortschreibung des Wachstums der Ansprüche geben kann, wurde er unpopulär. Das Volk wollte nichts von Einschnitten und dem Appell, kürzer zu treten, hören. Und so haben wir auch gelebt. Die Sonnenseiten der Wachstums- und Wohlstandsgesellschaft genossen, die Schattenseiten verdrängt. Doch das ist nicht der Weg in die Zukunft. Wir müssen versuchen, uns den Problemen zu stellen und diesen fatalen Verdrängungsmechanismus zu überwinden. Erlaubt sei an dieser Stelle die Frage, wie wohl künftige Geschichtswissenschaftler mit ausreichend zeitlichem Abstand die Jahrzehnte seit Ende des Zweiten Weltkrieges in einer größeren historischen Zusammenschau einordnen werden? Was werden sie schreiben? Sie werden wohl von einer unglaublichen Zeit des Wachstums, des Zuwachses an Lebenschancen für die Menschen berichten, sie werden aber auch darauf zu sprechen kommen, dass vieles aus dem Gleichgewicht geraten ist, sie werden Fehlentwicklungen, Verdrängung und mangelnde Fähigkeit zur Selbstkorrektur konstatieren. Aber auf diese Analyse können wir nicht warten. Wir müssen hier und jetzt Weichen stellen und Entscheidungen treffen, die uns voranbringen und nicht an den nächsten Abgrund führen.

Die positive Bilanz

Juni 2004, Soldatenfriedhof La Camb, Normandie. Der Bund der Kriegsgräberfürsorge hat zum 60. Jahrestag der Landung der Alliierten zur Gedenkveranstaltung eingeladen. Eine umfangreiche zeitgeschichtliche Ausstellung dokumentiert den ungeheuren Blutzoll aller beteiligten Nationen. An der Gedenkfeier auf dem deutschen Soldatenfriedhof nehmen viele französische Veteranen teil. Sie tragen ihre Fahnen und legen Kränze nieder. Damit ehren sie ihre Feinde von gestern, die deutschen Soldaten. Als ich am Grab meines Vaters stehe, schießt mir ein Gedanke in den Kopf: »Was hätte die Generation meines Vaters dafür gegeben, in unserer Zeit zu leben!« Wie kleinlich wirken angesichts der Lebenswege dieser Generation unsere Ängstlichkeiten, wie grundlos viele Klagen. Meine unmittelbaren Vorfahren mussten alle in Kriege ziehen, in den Deutsch-Französischen Krieg 1870/71 der Urgroßvater, in den Ersten Weltkrieg 1914-18 der Großvater, in den Zweiten Weltkrieg mein Vater. Ich bin der erste in dieser Generationenfolge, dem dies erspart geblieben ist – wie allen in dieser Zeit. Welches Glück haben wir doch, so lange schon in Frieden leben zu dürfen, welch Geschenk! Zugegeben, die Situation ist angesichts der zunehmenden Auslandseinsätze der Bundeswehr wieder neu zu bewerten – dies ist eines von vielen Zeichen der Veränderung und von neuen Herausforderungen, denen wir uns stellen müssen.

Ein Monat zuvor, Mai 2004, Bratislava, Slowakei. Als Landtagspräsident bin ich mit dem Präsidium des Bayerischen Landtags zu einem offiziellen Besuch des Parlaments der Slowakei eingeladen. Im Verlauf einer Sitzung wird uns durch den

Beitrag eines Mitglieds unserer Delegation, der lange in der Bundeswehr gedient hat, die geschichtliche Dimension der geopolitischen Neuordnung wieder bewusst: »Bei der Bundeswehr war ein Angriff aus dem Ostblock Zentrum all unserer Planungen im Stab. Ihr (die Slowaken) wart unsere Feinde. Heute sind wir gemeinsam in der NATO, morgen seid ihr Mitglied und Partner in der Europäischen Union.« Auch hier dachte ich: Welch fantastische Zeit, welch Geschenk, gerade heute und in dieser Region der Welt zu leben. Zu leben in einer Europäischen Union, die in einer zunehmend unruhigen Welt eine Zone der Stabilität und der Sicherheit darstellt.

Mai 2009, 60 Jahre Grundgesetz der Bundesrepublik Deutschland. Mit Dankbarkeit und Stolz blicken wir auf die Entwicklung der Bundesrepublik Deutschland zu einem Gemeinwesen mit einer stabilen Demokratie und zu einem starken Rechtsstaat zurück. Deutschland gilt heute als anerkannter und respektierter Partner in der internationalen Gemeinschaft. Wir freuen uns und dürfen stolz sein auf die außerordentlichen Leistungen der Aufbaugeneration. Ohne das Engagement der »Trümmerfrauen« in den Städten, der zahlreichen Witwen, die zusehen mussten, wie sie allein ihre Kinder großziehen sollten, und der gesellschaftspolitischen Pioniere, die ihre Kraft und Energie in die Errichtung eines funktionierenden Gemeinwesens von Staat und Demokratie steckten und die Versöhnung mit Frankreich und den anderen Nachbarländern vorantrieben, wäre Deutschland nicht das geworden, was es jetzt ist: umgeben von Freunden. Eine geschichtlich einmalige Situation! Auch die friedliche Revolution in der Deutschen Demokratischen Republik, die »Wir-sind-das-Volk«-Bewegung und die großen Anstrengungen im Prozess der Wiedervereinigung sind eine weltweit respektierte und oft bewunderte Leistung. Gerade weil wir oft dazu neigen, nur die Schwächen, die Unzulänglichkeiten und die Mühen des Alltags zu sehen, ist es wichtig, die Erinnerung an solche Errungenschaften wachzuhalten und daraus Maß und Selbstvertrauen für die Aufgaben von heute und morgen zu gewinnen.

Doch das wichtigste Ergebnis dieser Jahrzehnte des Wachstums nach dem Zweiten Weltkrieg ist der Zuwachs an Lebenschancen für alle. Auf der Grundlage der wirtschaftlichen Entwicklung, die eng mit dem technischen Fortschritt verbunden ist, eröffneten sich neue Berufswege und neue Aufstiegsmöglichkeiten, die immer weniger durch Geburt und Stand der Eltern vorherbestimmt waren. Zunehmend entstand eine soziale Durchlässigkeit, mit der Klassenschranken überwunden werden konnten. Natürlich ist diese bis heute verbesserungsbedürftig, doch im internationalen Vergleich eindrucksvoll. Die Perspektive des wirtschaftlichen und sozialen Aufstiegs war Motivation für Lernen, Arbeiten und Anstrengung. Der »Normalbürger« erreichte auf diese Weise eine Lebensqualität, die früher nur wenigen »Privilegierten« vorbehalten war: Im Wissen, dass die materiellen Lebensgrundlagen weitgehend gesichert waren, konnte er sich über diese Existenzsicherung hinaus andere Dimensionen des Lebens erschließen. Dieses Privileg galt bis vor wenigen Jahren freilich nur für eine Minderheit der Weltbevölkerung in den frühindustrialisierten Ländern, die sich wie Deutschland zu den Wachstums- und Wohlstandsstaaten entwickelten. Gewiss, es war die Frucht großer Anstrengung vieler Menschen. Aber seien wir uns bewusst: Unsere Eltern und Vorfahren haben sich nicht weniger ins Zeug gelegt, ihre Lebenssituation zu verbessern, nur hatten sie keine vergleichbare Chance im Hinblick auf die Erreichbarkeit der Ergebnisse. Das sollten wir immer im Hinterkopf haben, wenn es in der öffentlichen Diskussion um die Generationengerechtigkeit, den Beitrag der älteren Generation und die notwendigen Beschränkungen und Veränderungen in deren Lebensplanung geht – falls etwa Renten und Pensionen sich nicht mehr im geplanten Maße entwickeln und die steigenden Lasten nicht nur von der jüngeren

Generation getragen werden können. Das Erreichte ist nicht nur das Resultat unserer Anstrengungen, dieses Ergebnis ist nur aufgrund der Rahmenbedingungen, das heißt auch der Vorarbeiten anderer möglich gewesen. Deutlich wird dies im Vergleich des Westens und mit dem Osten der heutigen Bundesrepublik: Aufgrund ehemals unterschiedlicher politischer Umstände, auf die der einzelne Bürger keinen Einfluss hatte, gab es gravierende Unterschiede in der Chancenverteilung, die bis heute nachwirken. Dabei waren die Deutschen in der DDR nicht weniger tüchtig als wir in der Bundesrepublik, aber sie konnten sich unter der SED-Diktatur und im Korsett der verordneten Planwirtschaft nicht entfalten. In der »alten« Bundesrepublik hingegen war bis in die 1990er-Jahre etwa ein abgeschlossenes Hochschulstudium ein Freifahrtschein für beruflichen und sozialen Aufstieg, weitgehend unabhängig von sozialer Herkunft oder gar politischer Gesinnung.

Wir blicken aber nicht nur auf einen eklatanten Zuwachs an Lebenschancen für die Leistungsfähigen in gesellschaftlicher und wirtschaftlicher Hinsicht zurück. Ebenso ist von einem humanen Fortschritt zu berichten, ja, auch das. Exemplarisch dafür ist die Entwicklung in der Behindertenhilfe, also in der Fürsorge für die Schwächsten in unserer Gesellschaft. Es ist heute nur noch wenigen bekannt, wie wenig Kenntnisse Mediziner und Pädagogen über die Ursachen und die Verschiedenheiten von Behinderungen hatten, wie dürftig noch in den 1960er-Jahren das Wissen um Behandlungsmöglichkeiten und Förderung ausgereift war. Der Stand damals ist in nichts zu vergleichen mit der aktuellen Situation. Heute verfügen wir über eine Vielzahl an Förderangeboten und auch gesellschaftlich haben die Menschen mit Behinderung einen ganz anderen Status dank der veränderten Einstellung ihnen gegenüber. Ein wahrhaft großes Wachstum an Humanität! Gleiches lässt sich von den Hilfs- und Heilmöglichkeiten in der Medizin und im gesamten Gesundheitswesen berichten.

Bei allen unbestreitbaren Mängeln und Problementwicklungen sind das große humane Fortschritte, die sich auch in den veränderten Rahmenbedingungen für das Leben im Alter niederschlagen. In den letzten Jahrzehnten entwickelte sich eine noch nie da gewesene Perspektive für einen dritten Lebensabschnitt. Nach Ausbildung und Berufsphase eröffnet sich uns eine Phase, wie wir sie bezüglich Dauer und Lebensqualität aus der Vergangenheit noch nicht kannten, ein dritter Lebensabschnitt mit der Möglichkeit einer unabhängigen und selbstbestimmten Lebensführung auf der Grundlage der sozialen Sicherungssysteme. Alt werden geht nicht mehr einher mit der Gefahr von Armut. Welch neue Dimension von Lebensqualität! Freilich, in der Wechselwirkung mit immer geringeren Geburtenzahlen stehen wir angesichts der Veränderung der Altersstruktur zugleich vor einer der größten gesellschaftlichen und politischen Herausforderungen für die Gegenwart und Zukunft, nämlich mit den weitreichenden Konsequenzen aus der demografischen Entwicklung konstruktiv umzugehen.

Diese Beispiele, die eindeutig die Sonnenseite unserer Wohlstands- und Wachstumsgesellschaft belegen, mögen genügen, um einen blinden Kulturpessimismus in die Schranken zu weisen. Doch den kritischen Blick auf die Schattenseite dürfen sie auch nicht verstellen. Sie sollen vielmehr ermutigen, die vorhandenen Probleme und Aufgaben nicht länger zu verdrängen. Stattdessen müssen wir uns vollends bewusst werden, welche Folgen wir mit unserer Art zu leben hervorrufen und an die Nachkommen weitergeben, welcher Verantwortung wir uns endlich stellen müssen.

Die kritische Bilanz

Wie sieht nun die Schattenseite unserer Wohlstandsgesellschaft aus? Ich behaupte: Die Situation unseres Gemeinwesens und unseres Staates gleicht der eines Betriebs, der lange Zeit erfolgreich war und auf den ersten Blick gut dasteht. Bei genauerer Betrachtung stellt man jedoch fest, dass die Betriebskosten und die Reparaturkosten ständig steigen und in der Tendenz den Ertrag auffressen. Darüber mogelt man sich durch ständige Verschuldung und zu geringe Zukunftsinvestitionen hinweg. Es ist nicht mehr zu übersehen, dass der Staat immer mehr zum Reparaturbetrieb alarmierender gesellschaftlicher Entwicklungen wird. Besonders gravierend äußert sich dies im Bereich der Kinder- und Jugendarbeit. Unter anderem geben die Kommunalhaushalte davon Zeugnis: Keine Haushaltsposition ist in den letzten Jahren so stark gestiegen wie die der Jugendhilfe. In meinem Heimatlandkreis Traunstein in 25 Jahren um das Zehnfache! Dies sind alarmierende Signale, denn hinter den Zahlen verbergen sich individuelle Schicksale.

Die Erzieherinnen aus den Kindergärten berichten über eine ständig steigende Zahl von verhaltensauffälligen und verhaltensgestörten Kindern, die Lehrkräfte aus den Schulen ebenso. Da helfen keine Strukturdebatten über Schulsysteme, sondern nur zusätzliches Personal für Diagnostik und sonderpädagogische Förderung. Dies wiederum kostet entsprechend Geld, also zusätzliche Steuermittel. Das ist aber nur die ökonomische Konsequenz eines gesellschaftlichen Missstandes. Über die menschlichen Tragödien, die Handicaps und die Last der Kinder für ihren weiteren Lebensweg wird kaum gesprochen. Es stellt sich die Frage: Ist diese Entwicklung das Ergebnis individuellen Versagens der Eltern in großer Zahl oder haben wir es hier womöglich mit dem Ergebnis unserer Lebenskultur, der Leitbilder, der Werte und der sich daraus ergebenden Prägungen zu tun? In diese Richtung deutet zumindest die Tatsache, dass sowohl in der familienpolitischen wie in der bildungspolitischen Debatte kaum ein Wort darüber verloren wird, was Kinder für ihre Entwicklung, für ihre Persönlichkeitsbildung brauchen. Offensichtlich herrscht landesweit die Meinung, dass die Bedürfnisse der Erwachsenenwelt, sprich der Eltern, der Arbeitswelt, der Freizeitwelt der Maßstab für die Kinder sind und diese sich dem anzupassen haben.

Auch die gesundheitliche Verfassung zahlreicher Kinder müsste eigentlich eine heftige Diskussion in der Öffentlichkeit auslösen – dort aber wird lieber von den neuesten Entwicklungen in der Schönheitschirurgie berichtet. Viele Kinder weisen gravierende Mängel in der Koordination ihrer Bewegungen auf, nicht wenige scheitern daran, eine so einfache Übung wie Rückwärtslaufen zu meistern oder einen Ball sicher zu fangen. Die Kombination von Bewegungsmangel und falscher Ernährung führt zudem zu erheblichen Gesundheitsschäden. Laut Angaben des Deutschen Kinderhilfswerks haben 60 Prozent der Grundschulkinder Haltungsstörungen, 40 Prozent klagen über Rückenschmerzen, 22 Prozent der 7- bis 17-Jährigen weisen psychische Auffälligkeiten auf. Bei jedem zehnten Kind sind diese sogar stark ausgeprägt. Eine ständig wachsende Zahl von Kindern bekommt regelmäßig Beruhigungsmittel verabreicht. Knapp ein Fünftel der Mädchen zwischen 14 und 24 Jahren sind untergewichtig. Die Kosten im Gesundheitswesen als Folge gesundheitsschädlicher Lebensweisen, falscher Ernährung und mangelnder Bewegung, sind gigantisch. Anstatt über diese im hohen Maße eigentlich vermeidbaren Kostenentwicklungen zu diskutieren, reden wir lieber über notwendige Rationierungen medizinischer Leistungen, etwa ab welchem Lebensalter man künftig bestimmte Operationen oder Hilfsmittel aus monetären Gründen nicht mehr finanzieren kann. Warum? Weil man die Lebensstile ändern müsste?

In der EU betragen gemäß den Erhebungen des Institute of Alcohol Studies die Folgekosten des Alkohol- und Tabakkonsums circa ein Viertel Billion Euro pro Jahr. Gleichzeitig verzeichnen wir einen rasanten Anstieg der Zahl der Menschen, die an psychischen Erkrankungen leiden. Was sind die Ursachen? Sollen wir hier wieder von individuellem Fehlverhalten beziehungsweise Schicksal in großer Zahl sprechen oder besteht nicht eher ein direkter Zusammenhang mit unserem Lebensstil, an der Hektik, dem Stress, dem Druck im Leben? Insgesamt sind in den westlichen Industrieländern jedenfalls rund ein Sechstel der Wirtschaftsleistungen ausschließlich dazu da, soziale Schäden zu begleichen bzw. einzudämmen, ohne dass der Wohlstand hierdurch zunimmt, so das Institut für Wirtschaft und Gesellschaft in Bonn.

Blicken wir auf die USA. Die Vereinigten Staaten haben mit ihrer wirtschaftlichen Dynamik und ihrem kämpferischen Optimismus große Ausstrahlung, Anziehungskraft und Einfluss auf viele Gesellschaften der übrigen westlichen Welt und darüber hinaus entwickelt. Jeder kann ein Lied von der Erfolgsstory des amerikanischen Way of Life singen. Die Probleme jedoch, die sich in der inneren Entwicklung des vielgepriesenen Vorbildes manifestieren, sind dagegen wenig bekannt. Jeremy Rifkin dokumentiert sie in seiner vergleichenden Analyse von den USA und Europa in seinem Buch *Der europäische Traum* von 2004. Danach belegen die USA bei der Kinderarmut einen Spitzenplatz unter den entwickelten Ländern. Nach den Kriterien der EU (50 Prozent des Durchschnittseinkommens) leben 22 Prozent aller Kinder in den USA in Armut. Damit rangiere die USA im Weltvergleich auf

Platz 22, das heißt auf dem vorletzten der entwickelten Nationen. Nur Mexiko schneide noch schlechter ab. Rifkin legt ferner dar, dass alle 15 hochentwickelten europäischen Nationen weniger Kinderarmut als die USA aufweisen. Selbst wenn man nach der US-Definition von Armut nur die absolut Armen berücksichtigen würde, seien amerikanische Kinder immer noch schlechter dran als die von neun europäischen Ländern. Gegenwärtig, so Rifkin, lebten 11,7 Millionen amerikanische Kinder unter 18 Jahren unterhalb der von den USA definierten Armutsgrenze – mehr als vor 30 Jahren. Was die Kriminalität anbelangt, so liege die Zahl der Todesfälle durch Gewaltanwendung etwa viermal höher als in der EU. In den USA starben fünfmal mehr Kinder gewaltsam als in den anderen 25 reichsten Ländern der Welt zusammen (darunter die 14 reichsten Nationen Europas). Die Selbstmordrate von Kindern in den USA sei etwa doppelt so hoch wie die Zahl aller Selbstmorde in den übrigen 25 Ländern zusammen. Die EU-Mitgliedsstaaten zählen durchschnittlich 87 Gefängnisinsassen pro 100 000 Einwohner, die USA unglaubliche 685 Inhaftierte pro 100 000.

Mit diesem Zahlenvergleich sollen die USA nicht etwa diskriminiert werden, es geht vielmehr darum, offenzulegen, dass die Leitkultur der westlichen Konsumgesellschaften einen hohen Preis für das zahlt, was sie ist. Wer diesem glücksversprechenden amerikanischen Lebensstil nacheifert, muss auch seine Schattenseite kennen. Warum nur tabuisieren wir die individuell menschlichen und gesellschaftlichen Folgekosten konsumorientierter Lebensweisen? Weil damit ein systemimmanenter Antagonismus zur Förderung des Konsums als Mittel des Wirtschaftswachstums sichtbar würde? Dies aber ist einer der vielen inneren Widersprüche, dem wir auf Dauer nicht mehr ausweichen können. Bisher pflegte man, auch in Deutschland, lieber die Schuldzuweisung an Einzelne. Ja, jeder ist für seine Lebensführung persönlich verantwortlich, nicht die Gesellschaft. Wenn das Fehlverhalten aber so massiv und in ständig wachsender Zahl zu registrieren ist, hilft eine nur individuelle Betrachtungsweise nicht weiter, zumal solche Entwicklungen in allen westlichen Zivilisationen Alltag sind. Hier haben wir es ganz offensichtlich nicht mit Einzelphänomenen, sondern mit der prägenden Kraft unserer gegenwärtigen Lebenskultur, ihren Leitbildern und Werten zu tun.

Ein gerade auch für unsere Zukunft gravierender Ausdruck dieser alarmierenden Innenverfassung ist die geringe Kinderzahl unserer Gesellschaft. Die tatsächliche Entwicklung der Geburtenzahlen steht im krassen Widerspruch zu dem, was sich junge Menschen für ihren Lebensweg eigentlich wünschen. Alle Jugendstudien belegen den signifikanten Wunsch nach verlässlicher Partnerschaft und Familiengründung mit Kindern. Die Zwänge des Alltags jedoch, das zeigen die Zahlen, führen zu einer ganz anderen Realität: Es werden immer weniger Kinder geboren, die Gesellschaft überaltert. Die Antwort auf diesen Zustand kann nicht in der moralisierenden Belehrung und Kritik der jungen Generation liegen. Vielmehr ist hier eine kritische Auseinandersetzung mit den von uns geschaffenen Lebensbedingungen für Eltern, Kinder und Familien geboten. Denn eines steht fest: Wenn wir diese Situation nicht verändern können oder wollen, ist allein aus diesem Grund die Zukunftsfähigkeit unserer Gesellschaft infrage gestellt. In Wechselwirkung mit der wachsenden Lebenserwartung und der damit verbundenen veränderten Altersstruktur der Bevölkerung ergeben sich aus der sinkenden Geburtenzahl immense Herausforderungen und Veränderungen für unser gesellschaftliches Zusammenleben, die Finanzierung der Sozialsysteme und den Bereich Wirtschaft und Beschäftigung. All dies wurde lange Zeit verdrängt. Der renommierte Sozialwissenschaftler Meinhard Miegel spricht in diesem Zusammenhang von einer »deformierten Gesellschaft«, welche die Realität nicht wahrhaben möchte. Man kann ihn als Kassandra und Kulturpessimist in die Ecke schieben, doch seine Thesen haben sich längst erhärtet und sind zu Tatsachen geworden, insbesondere hinsichtlich der demografischen Entwicklung.

Ein wachsender Posten aller künftigen Finanzplanung wird zudem der Aufwand für den Umweltschutz und der für Ver- und Entsorgung sein. Trotz aller eindrucksvollen Fortschritte in Sachen Umweltschutz, die beispielsweise im Gewässerschutz und in der Luftreinhaltung in relativ kurzer Zeit realisiert wurden, pflegen wir nach wie vor eine Art zu leben und zu wirtschaften, dass wir laufend Substanz verzehren. Wir überlasten im eigenen Land und als Weltgemeinschaft das Ökosystem. Schon spürbare Klimaveränderungen, der rapide Schwund der Artenvielfalt und die damit verbundene Instabilität im natürlichen Gleichgewicht der Erde sind unleugbare Gewissheiten.

Doch was tun wir gegen diese Missstände? Wir verstricken uns immer mehr in innere Widersprüche. So klagen wir über zu hohe Steuern, Abgaben und Staatsschulden, mit denen wir uns diesen kurzsichtigen Lebensstandard finanzieren, und rufen gleichzeitig nach zusätzlichen Ausgaben für Bildung, Infrastruktur, soziale Leistungen, Krankenhäuser und anderen Leistungen im Gesundheitswesen – man könnte eine lange Litanei der Forderungen anführen. Ironischerweise sind es größtenteils auch noch ein und dieselben Menschen, die einerseits zu hohe Steuern und Abgaben an den Staat anprangern und andererseits einen Wunschkatalog davon aufstellen, was der Staat zusätzlich zu tun hat. Was für ein widersprüchlicher Zustand!

Insgesamt betrachtet, geht es also um tief greifende strukturelle Fragen, mit der sich unsere Gesellschaft selbstkritisch auseinandersetzen muss, damit wir nicht zunehmend in eine Politik gleiten, die fast nur noch Reparaturbetrieb des gerade Aktuellen ist, anstatt an der Gestaltung der Zukunft zu arbeiten. Mit solchen Entwicklungen und Schwierigkeiten sind wir, wie gesagt, nicht nur in Deutschland konfrontiert. Blicken wir nochmals auf die USA: Kalifornien war der Trendsetter, was nicht nur den Aufbruch in die neue Welt des Informationszeitalters (Silicon Valley) anbelangt, sondern auch hinsichtlich konsumorientierter Lebensstile. Im Sommer 2009 stand der bevölkerungsreichste Bundesstaat der USA, der eine Volkswirtschaft im Vergleich der Nationen dieser Erde an achter Stelle vorweisen konnte, kurz vor dem Staatsbankrott. Die Zahlungsunfähigkeit wurde mit wiederum kreditfinanzierten Schuldscheinen gerade noch vermieden. Nur mit dann folgenden rigorosen Sparmaßnahmen wurde die Staatspleite abgewendet, aber zehntausende Senioren und Kinder verloren ihre Gesundheitsvorsorge, im Bildungswesen wurden elf Milliarden Dollar gestrichen und Lehrer ausgestellt, um nur einige Beispiele zu nennen. Das drastische Durchgreifen der Regierung ist höchst unpopulär – gerade in einem Land wie Kalifornien, in dem die Anspruchshaltung der Bevölkerung so ausgeprägt ist wie kaum anderswo. Das zeigt die Tatsache, wie die Bürger auf unangenehme Regierungsmaßnahmen, die auf ein verantwortbares Haushalten abzielen, reagieren: Sie blockieren diese regelmäßig durch Volksabstimmungen. Ein Wetterleuchten für die Wohlstandsländer? Zumindest ein Alarmsignal, dass wir uns mit den wachsenden Problementwicklungen in unseren Gesellschaften auseinandersetzen müssen. Wenn wir das weiter verweigern und unsere Verdrängungsmentalität beibehalten, wird es zu explosiven Spannungsentladungen in allen Lebensbereichen kommen, wir werden uns immer mehr in den Widersprüchen verfangen und schließlich gefesselt werden. Mit noch mehr Geld, Organisation und staatlicher Zuständigkeit – der bisher üblichen Antwort auf solche Probleme – kommen wir nicht mehr weiter. Notwendig ist der Wille zur kulturellen Veränderung und Erneuerung – und diesem Willen müssen Taten folgen.

»Modernisierung« –
Pragmatismus ohne Kompass

In den 1990er-Jahren wurde »Modernisierung« zum Zauberwort der politischen Debatte. »Modernisierung« avancierte zum Ersatzwort für »Fortschritt«, da dieser immer mehr auch zwiespältig empfunden wurde. Grundsätzlich jedoch galt und gilt, dass man gegen Modernisierung oder Fortschritt nicht sein kann, auch wenn es hierzu Kritisches anzumerken gibt.

Die fünf Schlüsselbegriffe der Modernisierung lauten Geschwindigkeit, Flexibilität und Mobilität, Effektivität und Effizienz. Der damit verbundene Pragmatismus wurde als Sieg über die Ideologien angesehen – sachgerecht und sachbezogen, damit entsprechend zukunftsweisend. So wurde die öffentliche Verwaltung kurzerhand zum modernen Dienstleistungsbetrieb erklärt, ohne dass die Politiker merkten, dass sie damit den Staatsbürger zu einem anspruchsvollen Kunden, der fortan mit einer gewissen Serviceerwartung an diesen Dienstleistungsbetrieb herantrat, prägten. Doch so ist Staatswesen nicht gedacht. Dieser Umstand offenbart vielmehr das Problem aller politischen Verkünder des puren Pragmatismus, die das Land irgendwie nach »vorne bringen« wollen, aber keinerlei lebendige Anschauung davon vermitteln können, welche Form jene Zukunftsgesellschaft haben soll, von der sie immerzu reden. Meistens wissen sie es selbst nicht. Da sie aber die mit positiver Strahlkraft verbundenen Begriffe wie »Modernisierung« und »Fortschritt« zu ihrer Marke gemacht haben, erzielten sie gleichwohl Wirkung.

Modernisierung ist in Wirklichkeit für sich allein inhaltslos, kein Wert an sich. Der Journalist Jan Ross analysierte in der *Zeit* vom 15.07.1999 scharf: »Modernisierer zu sein, das befreit von der Last, eine eigene Position beziehen zu müssen, eigene Kriterien für Richtig und Falsch, für Freund und Feind, womöglich gar für Gut und Böse zu entwickeln und zu vertreten.« Das Handlungsmuster des Modernisierungsglaubens ist also der wertfreie Pragmatismus. Dabei ist Modernisierung auch noch kein Garant für Freiheit oder für Demokratie, denn Modernisieren betreiben alle, auch die Diktaturen und Pseudo-Demokratien. Wenn aber Modernisierung zum absoluten Maßstab erhoben wird, ignoriert man entweder die sozialen Folgeschäden einer solchen Verabsolutierung oder man nimmt sie einfach in Kauf – »es ist eben modern«, heißt es dann und vielen wird gar nicht bewusst, auf welche Kosten das geht.

Die Flexibilisierung der Arbeitszeit ist ein solches Dogma. Die Erfahrung lehrt jedoch, dass die beinahe grenzenlose Flexibilisierung soziale Strukturen zerstört, in Firmen, in Familien, in der Arbeitswelt und in der Freizeitwelt. Der VW-Konzern beispielsweise war in den 1990er-Jahren ein vielbeachteter Pionier flexibler Arbeitszeitregelungen. So wurde 1994 ein revolutionäres Arbeitszeitmodell mit 150 verschiedenen Varianten eingeführt. Die Fachwelt applaudierte, die Allgemeinheit war ob solcher Modernität beeindruckt – die Betroffenen jedoch zahlten einen hohen Preis. Die Flexibilisierung löste innerhalb der Belegschaft soziale Beziehungen und eingespielte Teams auf. Sie wirkte sich am Schluss negativ auf die Qualität der Arbeit und das Miteinander in der Firma aus, und auch außerhalb des Arbeitsplatzes waren Folgen spürbar. Ehen, so eine VW-Statistik, gingen häufiger in die Brüche, Freunde fanden keine gemeinsame Zeit mehr füreinander, Mütter wussten zu den Arbeitszeiten ihre Kinder nicht unterzubringen, Vereine, Firmenmannschaften und Fahrgemeinschaften lösten sich auf. Kurz, das soziale Leben geriet aus dem

Takt. So hieß es dann auch Anfang 1999 als neue Botschaft: »Ab 8. Januar gilt ein neuer einheitlicher Schichtrhythmus.« Trotz solcher Erfahrungen wird nach wie vor und immer wieder möglichst uneingeschränkte Flexibilisierung auch in anderen Bereichen propagiert. Die Aufhebung der Laden-schlusszeiten ist dafür ein Beispiel. Wem nützt eine solche Entwicklung wirklich? Eine Steigerung des Umsatzes ist aufs Ganze gesehen unwahrscheinlich, da mit Veränderungen der Öffnungszeiten ja nicht automatisch die Kaufkraft steigt. Die Begründung »Deregulierung« ist schmalbrüstig. Trotzdem wird mit dieser Parole und dem Ruf nach Freiheit für Konsu-menten und unternehmerisches Handeln immer wieder eine Änderung gefordert, obwohl die negativen Folgen einer Welt ohne Rhythmus, die sich dem Ziel einer Ökonomisierung rund um die Uhr verschrieben hat, offensichtlich sind. Die Debatte um die Ladenschlusszeit ist typisch für einen immer wieder aufbrechenden Konflikt, der sich zwischen einer Orientierung am größtmöglichen Ertrag sowie den Konsum-ansprüchen einer Spaßgesellschaft einerseits und immateriel-len Werten »jenseits von Angebot und Nachfrage« (Wilhelm Röpke) anderseits abspielt, welche letztlich unser Zusammen-leben und unsere Kultur bestimmen. Ein anderes exemplari-sches Beispiel für dieses Spannungsverhältnis und die Schwie-rigkeiten, in einer pluralistischen, offenen Gesellschaft eine stabile Gemeinsamkeit zu entwickeln, ist die immer wieder aufflammende Debatte um den Schutz des Sonntags. In dem aus der Weimarer Reichsverfassung ins Grundgesetz über-nommenen Artikel 139 sind der Sonntag und die Feiertage als »Tage der Arbeitsruhe und der seelischen Erhebung« geschützt. Ist dieses jahrtausendealte Gebot, den Sabbat oder den Sonntag zu heiligen, in einer modernen, säkularen und pluralistischen Gesellschaft sinnvoll und kann dies heute noch allgemeine Verbindlichkeit beanspruchen? Selbst wenn niemand die völlige Aufhebung dieses Schutzes verlangt, Forderungen für eine entsprechende Flexibilisierung der Sonn- und Feiertage, durch welche diese Tage zunehmend zum Alltag der Woche gemacht werden, sind aber immer wieder auf der Tagesordnung öffentlicher Diskussionen. Dies geschieht vor dem Hintergrund, dass eine wachsende Zahl von Menschen keinen Zugang zu einer religiös motivierten Begründung mehr findet und für sie damit diese gegenstandslos ist. Trotzdem sollten aber alle die Bedeutung des Ruhetages für den Rhythmus unseres Lebens und die große Bedeutung dieser Tage für die Religion, die unsere Kultur und unser Wertesystem geprägt hat – das Christentum – respektieren. Das Argument der freiheitlichen Selbstbestimmung, nach der sich jeder seinen Sonntag selbst im Kalender aussuchen kann, trägt auf Dauer jedenfalls nicht. In einer zunehmend verflochtenen Arbeitswelt werden die Sachzwänge einer solchen Flexibilisierung für den Einzelnen rasch ein Ende setzen.

Machen wir uns nichts vor: Im Kern geht es doch um die Frage, ob für unser Zusammenleben ausschließlich ökonomische Effizienz und das Lärmende einer um sich selbst kreisenden Spaßgesellschaft der Maßstab aller Dinge ist oder ob wir eine Kultur des Lebens und des Zusammenlebens anstreben wollen, die nicht in allen Bereichen zu »modernisieren« und zu rationalisieren ist. Fest steht, dass die Geschwindigkeit und Hektik unseres modernen Lebens immer mehr Menschen krank machen. Die Zwänge zur Flexibilisierung der Lebensabläufe und -planung sowie zur Mobilität zerstören viele Wünsche und Ideale junger Menschen für Partnerschaft, Kinder und Familie. Man kann nicht die geringe Kinderzahl beklagen und gleichzeitig Lebenspartner rigoros dem Maßstab von Mobilität und Flexibilität aussetzen, weil dies in der modernen Welt angeblich so unabdingbar ist. Die Menschen haben sich einfach anzupassen, glaubt man.

Doch warum ringt man nicht intensiver darum, wie mit modernen Möglichkeiten, etwa der Informationstechnologie, die Lebenswelten menschlicher gestaltet werden können? Gewiss kann das Leben in der Welt von heute nicht den Rhythmus einer Agrargesellschaft oder eines vorindustriellen Zeitalters haben. Aber daraus ergibt sich noch lange kein Zwang, unser Leben einer grenzenlosen Ökonomisierung und Rationalisierung in allen Bereichen auszusetzen. Erst wenn wir uns dem Vordergründigen und Zerstörerischen eines maßlosen Modernisierungswahns bewusst sind, können wir unter den Bedingungen dieser Zeit eine Lebenskultur entwickeln, die auch wahre Lebensqualität wachsen lässt. Anderenfalls werden immer mehr Lebenswege nach dem Motto »modern – flexibel – mobil – entwurzelt« verlaufen und Menschen in jeder Beziehung heimatlos. Aufgabe der politischen und der gesellschaftlichen Debatte ist es, diese Notwendigkeiten zu erkennen und für den Einzelnen entsprechende Freiräume zu sichern, die er braucht, um diese andere Lebenskultur nach seinen Vorstellungen zu entwickeln. Denn der Staat kann sie nicht für den Einzelnen ausgestalten, jeder muss sie sich selbst erarbeiten.

Dazu braucht es eine kultivierte Auseinandersetzung mit den Problemseiten der Modernisierung, damit es in unserer Gesellschaft nicht zu fundamentalistischen Reaktionen kommt, die polarisieren und lähmen. Gesellschaften, die alles an Effizienz und technokratischen Kategorien orientieren, verlieren ihre innere Bindekraft und werden instabil. Dies können wir besonders in postkommunistischen Ländern beobachten, die nach dem Zusammenbruch des Kommunismus von einer atemberaubenden Modernisierungswelle erfasst, ja regelrecht überrollt wurden. Die Gegenbewegungen, die dort wie auch in anderen Kulturkreisen die westliche Zivilisationswalze hervorgerufen hat, kommen in unterschiedlichen Kleidern daher, darunter fundamentalistische religiöse Gruppierungen und verschiedenste Varianten von Nationalismus – der ideologische Kitt aufbrechender Gesellschaften – als Antwort auf Identitätsverlust und eine rasante Internationalisierung, auch in Entscheidungsprozessen. Obwohl wir an den weltweiten Siegeszug von Demokratie und Marktwirtschaft, verbunden mit dem Weg in offene Gesellschaften, glaubten, erleben wir nun in China, Russland oder in der arabischen Welt einen Trend zu autoritären Systemen mit staatskapitalistischen Ausprägungen. Spätestens mit den Attentaten vom 11. September 2001 wurde offensichtlich, dass es im Globalisierungsprozess nicht nur um Effizienz und Wettbewerb geht und auch nicht um Spaß und Selbstverwirklichung, sondern dass diesem Prozess eine tiefe kulturelle Dimension innewohnt, die der geistigen Auseinandersetzung bedarf. Wir müssen deshalb lernen, die Errungenschaften der modernen Welt der Naturwissenschaften, Technik, internationalen Kommunikation und Zusammenarbeit – der Modernisierung eben – nicht absolut und als weltweiten Maßstab zu setzen, sondern sie in unsere konkrete Lebenskultur einzuordnen und in diesem Rahmen weiter auszugestalten. Modernisierung um der Modernisierung willen ist der Weg in eine kalte, seelenlose Welt.

Die Schwäche der Konservativen

Die innere Lebendigkeit einer Gesellschaft hängt entscheidend von der Existenz verschiedener geistiger Kräftefelder ab, die im gegenseitigen Austausch und auch in der Konfrontation eine intellektuelle Auseinandersetzung führen. Wo dies fehlt, ist die Gefahr geschlossener Denkwelten und perspektivischer Einseitigkeit allgegenwärtig. Als Gegenpol zur mehr oder minder unreflektierten Modernisierung der Wohlstandsgesellschaften fehlt heutzutage die Stimme der Konservativen für eine kritische und konstruktive Reflexion über unsere gegenwärtige Entwicklung, die von Vordergründigkeit, Kurzsichtigkeit und modernem Aktionismus geprägt ist und die Schattenseiten verdrängt. Die Konservativen sind zunehmend kraftlos und sprachlos geworden und spielen im geistigen Ringen um die kulturelle und normative Deutungsmacht in der Gesellschaft kaum mehr eine Rolle. Das verblüfft umso mehr, als in den neuen Leitmilieus, etwa dem des bürgerschaftlichen Engagements und der Arbeitswelt der Selbstständigen viel konservatives Denken und konservative Sehnsüchte lebendig sind, ohne dass dies als »konservativ« eingeordnet und verstanden wird.

Der Konservativismus ist historisch belastet und auch deshalb defensiv. Seine Vertreter haben einst dem Nationalsozialismus zum Durchbruch verholfen, für konservative Kräfte in den Gesellschaften bis hin zu den Kirchen war Demokratiegedanke verdächtig. Gleiche ablehnende Vorbehalte pflegte dieser alte Konservativismus auch gegenüber der modernen Wirtschaft, dem Markt und dem freien Wettbewerb. Vertragsfreiheit, Freizügigkeit und rationaler Rechtsstaat wurden mehr als notwendiges Übel toleriert als bewusst bejaht.

Dies alles ist zwar längst überwundene Vergangenheit, doch ein neues Profil eines Konservativismus in unserer Zeit hat sich nicht herausgebildet. Das ist umso bedenklicher, als in Reaktion auf die wachsende Komplexität der modernen Welt und der vorherrschenden Beliebigkeit von Werten Menschen aller Altersgruppen, insbesondere aber auch Jüngere, wieder anfälliger für fundamentalistische Botschaften werden. In Religionsgemeinschaften sind es sektenhafte Gruppierungen, in denen Menschen ihre persönliche Orientierung und Sicherheit in strengen Regelwerken und hierarchischen Ordnungen suchen. Sie sehen die offene Gesellschaft als Bedrohung an. Und nicht nur im Islam gibt es das Ideal des Gottesstaates. Gruppen wie die Pius-Bruderschaft in der katholischen Kirche unterscheiden sich kaum in der Verabsolutierung ihrer Überzeugungen und wenden sich damit gegen die Ordnung unserer Verfassung und unserer Demokratie.

Eigenartigerweise werden gleichzeitig immer mehr Themen und Leitvorstellungen diskutiert, die in ihrer Substanz konservativ sind, aber als solches nicht verstanden werden – gerade auch von denen nicht, die sich zu den Konservativen rechnen. Die Wahrung der Würde des Menschen in den modernen Lebenswelten, der notwendige Wandel vom kurzfristigen zum langfristigen Denken mit dem Prinzip der Nachhaltigkeit als Orientierung, die Bedeutung von kultureller Identität und von Kontinuität in einer Welt, in der immer mehr Menschen heimatlos und entwurzelt sind, die Suche nach einer tragenden Wertorientierung unter den Bedingungen der modernen Welt – dies alles sind Wirklichkeiten in unserem Leben, die nach dem Beitrag der Konservativen schreien. Die Konservativen sind auch deswegen weithin sprachlos und wirkungslos, weil nur einzelne Personen in der Politik und der Publizistik solche Themen aufgreifen und Orte der konstruktiven Debatte darüber, was konservativ heute bedeutet, sowie Gruppen, die sich dieser Thematik systematisch widmen, offensichtlich nicht existieren.

Wo liegen die Ansätze für einen zeitgemäßen Konservativismus? Die Unterscheidung von »strukturkonservativ« und »wertkonservativ« wäre ein möglicher Zugang zur Definitionsdiskussion. Konservative herkömmlicher Prägung halten primär an bewährten Strukturen und an »unverrückbaren«, weil einst so vereinbarten Festlegungen sowie Traditionen fest. Solche Vertreter dürfen als »strukturkonservativ« bezeichnet werden. Fruchtbarer ist es jedoch, das »Werthaltige« von Lebenshaltungen und Entwicklungen zu suchen, zu würdigen und zu pflegen – also »wertkonservativ« zu sein. Oft verstellen uns Unkenntnis und vielleicht auch persönliche Abneigung den Blick dafür, dass auch in Lebensstilen, die zunächst befremdlich wirken und nichts mit dem eigenen zu tun haben, Werte wie Verantwortungsbereitschaft, Rücksichtnahme oder Verlässlichkeit gelten. Vielen Menschen, gerade auch jungen, tun wir Unrecht, wenn wir dies verkennen.

Der renommierte Verfassungsrichter Udo di Fabio gibt in seinem Beitrag »Was ist konservativ?« in der *Frankfurter Allgemeinen Zeitung* vom 26.07.2007 wertvolle Impulse zur Seinsbestimmung der Konservativen. Demnach möchten diese heute, die humanistische Aufklärung, die Demokratie und die Verfassungsstaatlichkeit achtend, »unbefangen mit Traditionen, Institutionen und kulturellen Wissensbeständen umgehen und davon lernen, aber sie wollen nicht zu historisch überholten Mustern zurück. Wer heute als Konservativer soziale Institutionen wie die Familie als Idee und als Lebensform hochhält, der wirbt nicht für alte Rollenklischees, für patriarchalische Strukturen und biedermeierliche Idylle, sondern für die sich immer deutlicher als Chance und Notwendigkeit abzeichnende bewahrende Wandlung dieser Entwürfe, und zwar nur unter dem Primat individueller Entscheidungsfreiheit und einer neuen Offenheit der Rollen«. Kein moderner Konservativer, so di Fabio, würde heute Gemeinschaften als zustimmungsfreie Zwangsverbände anerkennen.

Stattdessen werbe er für mehr freiwillige Bindung, für den Mut, Verantwortung zu übernehmen und für Bildung, welche die Quellen ihrer Herkunft kennt.

Eine Stimme der jungen Generation, Daniel Dettling, Leiter des Think-Tanks Berlinpolis, beschreibt die Schwäche der Konservativen und ihren heutigen Auftrag so: »Das Elend der Konservativen liegt im Unterlassen einer Neubegründung von Subsidiarität, Solidarität und Personalität, einfacher formuliert: von Freiheit und Verantwortung unter den Bedingungen von Globalisierung und Individualisierung.« Konservative Politik, fährt Dettling im *Rheinischen Merkur* vom 19.03.2009 fort, sei immer dann erfolgreich gewesen, wenn sie mit neuen Ideen in die Zukunft gegangen ist. Denn die Zukunft könne nur der gewinnen, »wer neugierig auf sie ist und wer daran glaubt, dass gute, vielleicht sogar bessere Jahre vor dem Land und seinen Menschen liegen. Auf Neugierde müsste heute das Programm eines neuen Konservativismus setzen; ein Programm, dem es um die Bewahrung des Verteidigenswerten und den Aufbruch zu neuen Ufern gleichermaßen geht. Die Chance, auf moderne und liberale Art konservativ zu sein, war noch nie so groß wie heute.«

Für eine gute Zukunft brauchen wir Konservative mit Gestaltungswillen und Gestaltungskraft. Wir brauchen sie als die Alternative zu der Welt der Technokraten und orientierungslosen Modernisierer. Die Aufgabe und das Ziel der Konservativen im 21. Jahrhundert ist eine zukunftsfähige Kultur. Diese setzt als Grundlage Werte voraus, die über reine Zweckorientiertheit und kurzfristiges Nützlichkeitsdenken hinausweisen und dem Einzelnen und der Gemeinschaft Orientierung geben. Es gilt die Grundlage für eine Lebenskultur als der Ausdruck eines ganzheitlichen Denkens und Handelns zu schaffen. Die prägenden Leitbilder sind dabei Geschichtsbewusstsein, Achtung der Traditionen, die Wahrung der eigenen Identität, das Verantwortungsbewusstsein für die Aufgaben der

Gegenwart und die notwendigen Weichenstellungen für die Zukunft. Ein solches Kulturverständnis ist offen für geistige Auseinandersetzungen mit Andersdenkenden, für die Werte der Menschen fremder kultureller Prägung, für die Tatsache, dass wir in einer pluralistischen und globalisierten Welt leben. Bleibt nur die Frage, wo und wie sich diese neue geistige und politische Kraft der Konservativen endlich entwickelt. Der Moment jedenfalls wäre günstig – selten zuvor wurden konservative Ideale wie Familie, Solidarität und bürgerliches Engagement so wertgeschätzt wie heute.

Teil 3

Wie wollen wir morgen leben?

Das Ringen um einen Zukunftsentwurf

Wie wollen wir morgen leben? Diese Frage ist keine Einladung zu einem Wunschkonzert. Die Antwort ist vielmehr eng verbunden mit Richtungsentscheidungen für kommende Entwicklungen, die uns alle berühren und in deren Rahmen wir unser Leben gestalten können und müssen.

Die Diskussionen um die künftige Lebensgestaltung wurde in unserem Land bereits schon einmal intensiv geführt – nämlich in Verbindung mit der Debatte um die »Grenzen des Wachstums« in den 1970er-Jahren. Den Ausgangspunkt dieser grundsatztheoretischen Auseinandersetzung bildete die Frage, inwieweit dynamisches Wirtschaftswachstum und stabile und gesunde Umweltbedingungen miteinander vereinbar sind, umweltpolitisch befeuert wurde sie durch das Europäische Naturschutzjahr 1970. In Bayern wurde in diesem Jahr sogar ein eigenes Umweltministerium gegründet, das europaweit, wahrscheinlich weltweit, das erste seiner Art war.

Die Entwicklung der umweltpolitischen Fachdebatte zu einer öffentlichen Grundsatzdiskussion über Lebensentwürfe und Lebensmöglichkeiten, diese ebenso kulturkritische wie oft auch utopische Diskussion, war die Geburtsstunde der Ökologiebewegung als gesellschaftspolitische Kraft. Aus dieser Quelle sollte sich später inhaltlich und personell die Partei »Die Grünen« speisen, zu deren Konstituierung als parteipolitische Formation noch die Friedensbewegung und die Frauenbewegung hinzukamen. Im Zuge der engagierten Auseinandersetzung über die Zukunft trafen damals Vertreter von Linksaußen, wie etwa der Vorsitzende des Bundes Spartakus an der Universität Göttingen, Jürgen Trittin, und urkonservative Natur- und Umweltschützer, Wurzel-Sepp-Typen, Hippies und »Emanzen«, Revolutionäre und Reaktionäre zusammen. Ihren gemeinsamen Nenner fanden sie im Protest, genauer gesagt, im Protest gegen gedankenlos verschwenderische Lebensstile der Konsumgesellschaft, bürgerliche Lebensgestaltung, expansive Wachstumsstrategien und dergleichen. Herbert Gruhl, einst CDU-Politiker, dann Mitbegründer der »Grüne Aktion Zukunft« (GAZ), der Grünen und der Ökologisch-demokratischen Partei (ödp) war innerhalb dieses politischen Spektrums Bußprediger wie auch Visionär – und blieb in der CDU leider unverstanden. Obwohl er in seinem Bestreben, die Umwelt zu achten und die Natur zu wahren, wichtiges konservatives Denken verkörperte, haben seine Gedanken in der christdemokratischen Partei keine entsprechende Resonanz gefunden. Helmut Kohl hat später die Ausgrenzung von Herbert Gruhl aus der Partei als einen großen Fehler der CDU beschrieben und sich in der Schuldzuweisung durchaus auch persönlich mit einbezogen.

Es ist wichtig, sich in Erinnerung zu rufen und festzuhalten, dass diese Debatte in ihrer Motivation und in ihrer Zielsetzung ein Ringen um einen Zukunftsentwurf der Gesellschaft war, eine gesellschaftspolitische Auseinandersetzung, die weit über Fachthemen hinausging. Und es ist zu fragen, welche dauerhafte Wirkung diese Diskussion überhaupt hatte. Parteipolitisch gesehen, haben sich die Grünen als politisches Sammelbecken diverser Protestkulturen etablieren können, die das Engagement für den Umweltschutz zu ihrem Kerngeschäft erklären. Doch was können wir inhaltlich konkret aus der damals hitzigen Diskussion über die Grenzen des Wachstums für die heutige Debatte lernen? Wenn ich recht sehe, fehlen bis heute eine präzise Analyse dieser Auseinandersetzung, des Erfolgs und Misserfolgs der politischen Bemühungen und deren Ursachen. Sicher ist nur, dass die Wirkung auf die weitere Entwicklung letztlich sehr begrenzt blieb. Heute wären wir wahrscheinlich froh, wenn die Diskussion vor gut dreißig Jahren fruchtbarer gewesen wäre. Wir hätten weniger Korrekturbedarf und weniger verlorene Zeit. Warum aber war sie nicht wirksamer? Ich halte drei Gründe für ausschlaggebend.

Eine der Ursachen ist darin zu suchen, dass damals die große Zeit des Individualismus anbrach, die Zeit des Anspruchs auf Freiheit und der Emanzipationsbewegungen. »Selbstverwirklichung« wurde das große Leitbild, unter dem sich häufig auch nur getarnter Egoismus verbarg. Freiheit von Bindungen jeglicher Art und Selbstbestimmung wurden als neue Wahrheit propagiert. Doch dieser Anspruch, so wie er verstanden wurde, steht im Gegensatz zur notwendigen Selbstbegrenzung, welche die Konsequenz aus der Debatte über die Grenzen des Wachstums gewesen wäre und der wir uns auch heute stellen müssen. Deshalb werde ich nicht müde zu betonen: Wenn mit dem Prinzip »Zukunftsverantwortung gegenüber den nachkommenden Generationen« ernst gemacht werden soll, müssen wir uns ehrlich prüfen, ob und inwieweit wir zur Selbstbescheidung fähig sind. Bislang wurden umweltschützende Maßnahmen nur akzeptiert, wenn sie mittels Technik, Geld und Organisationsarbeit umsetzbar waren und gleichzeitig keine Selbstbegrenzung oder Änderung der gewohnten Lebensführung abverlangt wurden. Letzteres machte zwar ein Teil der Umweltbewegung wahr, indem er der modernen Welt bewusst eine radikale Absage erteilte. Er blieb aber eine kleine Minderheit mit oft sektenhaften Zügen ohne große Auswirkung.

Der zweite Grund, weshalb die gesamte Debatte damals nicht wirksamer war, lautet: Es fehlte der Leidensdruck konkret spürbarer Grenzerfahrungen. Die beschworenen Grenzen des Wachstums waren für viele rein theoretischer Natur. Der Unterschied zu heute: Wir werden jetzt mit tatsächlichen Grenzerfahrungen wie den dramatischen Folgen des weltweiten Finanzkollaps, des Klimawandels und der Übernutzung der Erde konfrontiert.

Der dritte Grund: billige Energie. Dank einer kostengünstigen Energieversorgung konnten wir lange unsere Begeisterung für »Immer schneller, immer höher, immer weiter« in einer äußerst dynamischen Lebensführung und -gestaltung kultivieren. Die Situation heute: Energie wird immer knapper und teurer, sie steht nicht mehr als billige Ressource zur Verfügung. Im Gegenteil, die Tatsache der Verknappung ist weltweit der Auslöser großer Machtverschiebungen und Konflikte, und dies wird die weitere Entwicklung der kommenden Jahre sehr wesentlich prägen.

Sucht man das Gespräch über all diese Sachverhalte mit seinen Mitmenschen, so wird deutlich, dass eine wachsende Zahl durchaus erkennt, dass es so wie jetzt irgendwie nicht mehr weitergehen wird. Schließlich ist die Faszination des technischen Fortschritts weitgehend verblasst, ja von vielen Menschen wird mittlerweile dessen Umsetzung im realen Leben als Bedrohung empfunden. Damit wächst die Gefahr, dass wir jetzt wieder einen extremen Pendelschlag erleben. Wo man vorher unkritisch in die segensreiche Welt der Moderne stürmte, macht sich nun Skepsis, Verunsicherung und möglicherweise auch eine lähmende Angst breit, die verhindert, notwendige Veränderungen zu gestalten. Andere wiederum suchen bewusst und aktiv einen anderen Lebensstil und wollen aus dem Hochgeschwindigkeitskurs der modernen Welt und dem Druck der Konsumwelt ausbrechen. Manche reagieren mit Resignation oder auch mit Zynismus, denn »man kann ja eh nichts ändern«. Und schließlich sind diejenigen nicht zu vergessen, die das Ganze gekonnt verdrängen und darauf verweisen, dass doch in der Vergangenheit immer wieder irgendwelche Lösungen gefunden wurden. Sie glauben, dass wir mit dem Fortschritt die Probleme schon aus dem Weg räumen können, und falls ein Mangel auftauchen sollte, so lasse der sich sicherlich beheben. Sie sehen keine Notwendigkeit, dass sich unsere Gesellschaft ändert, schließlich wird es schon irgendwie wieder weitergehen.

Nun sind wir aber in einer Situation, dass sich vieles verändern wird, ob wir es wollen oder nicht. Die Frage ist allein, ob wir diese Veränderungen so lange wie möglich abwehren und dann buchstäblich erleiden oder ob wir sie aktiv gestalten. Untätigkeit jedenfalls führt zu der fatalen Konsequenz, dass wertvolle Zeit des Umsteuerns verspielt wird und in der Folge die Handlungsspielräume für das Gestalten immer enger werden. Nehmen wir die Initiative *Desertec* zum Beispiel: Im Sommer 2009 hat das Solarprojekt großer Firmen, durch das in der Sahara Strom gewonnen werden soll, großes Aufsehen erregt. Ludwig Bölkow, der geniale Ingenieur, hat dieses Projekt und ähnliche jedoch schon vor mehr als zwanzig Jahren propagiert und dabei immer wieder darauf hingewiesen, dass es vier oder fünf Jahrzehnte Zeit braucht, bis ein Energieversorgungssystem durchgreifend umgestellt werden kann, weshalb man frühzeitig beginnen müsse. Seine Mahnung blieb lange Zeit unerhört, erst heute reagieren wir – notgedrungen. Ähnliches gilt für die Konferenz der Vereinten Nationen über Umwelt und Entwicklung in Rio im Jahr 1992, in der sehr konkrete Positionen und Notwendigkeiten für nachhaltiges Wirtschaften formuliert wurden. Doch formulieren ist das eine, umsetzen das andere. Die Zeit aber, dass wir uns leisten können, die Grenzen des Wachstums zu ignorieren, verrinnt.

Ist Wirtschaftswachstum
die Zauberformel?

Wachstum ist nicht alles, aber ohne Wachstum ist alles nichts.« Dieser Satz aus dem Wahlprogramm einer der großen Volksparteien genießt allgemeine Anerkennung. Wirtschaftswachstum gilt gemeinhin als universeller Problemlöser – so hat es auch jüngst wieder der Chefvolkswirt einer großen deutschen Bank sinngemäß formuliert. Verständlich, denn nur durch Wirtschaftswachstum können wir unsere stetig steigenden Ansprüche befriedigen, unsere sozialen Sicherungssysteme und vieles mehr finanzieren. In der Tat hat nicht nur die westliche Welt das Wirtschaftswachstum deshalb zum zentralen Ziel erklärt, auch in der übrigen Welt wird es zum Credo erhoben, weil wir, kurz gesagt, davon abhängig sind.

So ist auch in unserem Denken fest verankert, dass Wirtschaftswachstum seit jeher das vorherrschende Ziel unserer Wirtschaftsordnung und Wirtschaftspolitik darstellt. Wir kennen es nicht anders. Und doch ist es anders. Ludwig Erhard, der Vater der Sozialen Marktwirtschaft, war seinerzeit empört, als Bundeswirtschaftsminister Karl Schiller das noch in der Kanzlerschaft Erhard konzipierte Gesetz zur Förderung der wirtschaftlichen Stabilität auf die Förderung des Wirtschaftswachstums ausdehnte. Er kritisierte heftig, so weiß Kurt Biedenkopf in seinem Buch *Die Ausbeutung der Enkel* zu berichten, dass Schiller es wagte, Wachstum zu einem selbstständigen politischen Ziel zu erklären. Für Erhard gab es nur die Ziele Preisstabilität, hoher Beschäftigungsstand und außenwirtschaftliches Gleichgewicht. »Den Sozialdemokraten ging es darum«, meint Biedenkopf, »aus dem Entwurf eine Waffe des Wachstums, der Stabilität und der Expansion zu schmieden.« Franz Josef Strauß war damals der Einzige, der die möglichen Grenzen des Wachstums zum Thema machte. Dem wirtschaftlichen Wachstum seien Grenzen gesetzt, die man nicht beliebig erweitern könne, argumentierte der damalige CSU-Vorsitzende, der sich stattdessen für ein konstantes organisches Wachstum aussprach. Doch Strauß' Mahnungen verhallten im Nichts. Für die Sozialdemokraten war die Normierung des Zieles »Wachstum« eine gesellschaftspolitische Vorgabe, die es zu erreichen galt. Mit den Mehreinnahmen sollte eine erhebliche Ausdehnung der staatlichen Aktivitäten, vor allem im Bildungs- und Gesundheitswesen, im Umweltschutz und in den sozialen Sicherungssystemen finanziert werden. »Das Wachstumsziel diente so nicht in erster Linie der wirtschaftlichen Stabilität, sondern der Expansion der Politik« (Kurt Biedenkopf).

Mittlerweile sind wir jedoch in einem Ausmaß auf Wirtschaftswachstum angewiesen, dass daraus voraussichtlich noch viele schwerwiegende Probleme entstehen werden. Das Anliegen dieser Erörterung ist wahrlich nicht, gegen das Wachstum an sich zu Felde zu ziehen. Es ist aber wichtig, die damit verbundenen Sachverhalte offen und ehrlich zu diskutieren, ohne Denkverbote, ohne Verdrängung von unangenehmen Fragestellungen, die sich immer mehr auftun. Ansonsten werden uns in Zukunft manche Ereignisse so kalt erwischen wie die Finanzkrise, auf die wir aufgrund geschlossener Denkwelten in keiner Weise vorbereitet waren. Doch gerade die Finanzkrise hat die Schwächen dieses Glaubens an die Automatik »Problemlösung durch Wachstum« schonungslos offengelegt. Bundespräsident Horst Köhler, ein ausgewiesener Ökonom, hat in seinen Reden immer wieder auf die wachsende Staatsverschuldung und damit Erblast für die Nachkommen hingewiesen. In seiner Berliner Rede am

24.03.2009 beschreibt er die inneren Widersprüche unseres ökonomischen Handelns und die falsche Hoffnung, durch das Wundermittel »Wirtschaftswachstum« alle Probleme lösen zu können: »Und wir haben uns eingeredet, es gebe einen Königsweg, diese Widersprüche aufzulösen: Wir haben uns eingeredet, permanentes Wirtschaftswachstum sei die Antwort auf alle Fragen. Solange das Bruttoinlandsprodukt wächst, so die Logik, können wir alle Ansprüche finanzieren, die uns so sehr ans Herz gewachsen sind – und zugleich die Kosten dafür aufbringen, dass wir uns auf eine neue Welt einstellen müssen.«

Doch was passiert, wenn dem Wirtschaftswachstum oberste Priorität eingeräumt wird und welche Folgen hat das für die Gesellschaft? Die Fragen sind leicht zu beantworten: Die Ökonomie steigt auf der Werteskala ganz nach oben und wird damit zum zentralen und alles prägenden Wert, zur Leitidee des gesellschaftlichen Denkens und Tuns. Die Folge: Alle Lebensbereiche werden ökonomisiert und unter wirtschaftlichen Aspekten betrachtet. In der Wirtschaftswelt und in der staatlichen Politik wird die Rendite des Kapitals der Treibsatz, der bestimmende Faktor jeder anzustoßenden Entwicklung. Nehmen wir die Finanzkrise als Beispiel. Die hochspekulative und von der Realwirtschaft abgekoppelte Finanzwirtschaft hat viele gut bezahlte Arbeitsplätze und hohe Steuererträge gebracht. Hier wurde Wirtschaftswachstum forciert, ökonomische Messgrößen wurden zum Maßstab aller Dinge erklärt, bis es zum bösen Erwachen kam. Holger Steltzner resümiert im Rückblick: »Zu bedenken ist, dass es die hohen Wachstumsraten der Vergangenheit ohne den übermäßigen Einsatz von Krediten nicht gegeben hätte. Umgekehrt gilt, dass ein risikoärmeres Finanzsystem das Wachstum begrenzt« (*Frankfurter Allgemeine Zeitung* vom 09.07.2009).

Zugegeben, die gewaltigen Aufgaben, die es im Staat anzupacken gilt, wie der Abbau der Verschuldung, die Bewältigung der Konsequenzen aus der demografischen Entwicklung, die notwendigen zusätzlichen Investitionen in Bildung, Wissenschaft, Forschung, Infrastruktur und ökologischen Umbau der Wirtschaft als Antwort auf die Klimaveränderungen sowie das Investment in die künftige Energieversorgung – dies alles schreit nach Mehreinnahmen durch Wachstum. Aber ist quantitatives Wachstum in jedem Fall positiv? Derzeit wird die volkswirtschaftliche Leistung eines Landes am Bruttoinlandsprodukt (BIP) gemessen. Jede wirtschaftliche Tätigkeit – alle im Inland produzierten Güter und Dienstleistungen – wird unabhängig vom Nutzen oder Schaden für das Gemeinwohl gleichwertig in das Bruttoinlandsprodukt per Addition eingerechnet. Hier finden also auch die wachsenden Kosten für die Sicherheit und Bekämpfung der Kriminalität, die steigenden Belastungen im Gesundheitswesen durch falsche Ernährung, Alkohol- und Drogenmissbrauch oder die Kosten, die durch Verkehrsunfälle entstehen, ihren Niederschlag. Wenn Giftmülldeponien saniert, eine Ölpest eingedämmt werden muss, geht dies alles in die BIP-Rechnung ein, als sei dies ein Ertrag. Und hier liegt der Knackpunkt: Das Messinstrument Bruttosozialprodukt ist keine Ertragsrechnung, sondern eine Umsatzrechnung. Und die Unterscheidung zwischen Umsatz und Ertrag ist bekanntlich für jeden Betrieb lebenswichtig.

Bereits der Erfinder des Bruttosozialprodukts, das später im Sprachgebrauch vom sehr ähnlich konzipierten BIP abgelöst wurde, warnte 1934 in einem Bericht an den US-Kongress vor der irreführenden Anwendung seines Messinstruments volkswirtschaftlicher Leistung. Simon Kuznets, der 1971 den Nobelpreis für seine Arbeit bekam, sagte damals: »Das Wohlergehen einer Nation kann wohl kaum aus dem Nationaleinkommen geschuldet werden.« Dreißig Jahre später äußerte sich Kuznets nochmals zu dem Thema, nachdem er gesehen hatte, wie Politik und Wirtschaftsexperten das von ihm erfundene Werkzeug missbrauchten: »Man muss die Unterschiede mit bedenken, zwischen Quantität und Qualität des Wachstums, zwischen Kosten und Nutzen und zwischen kurz- und langfristigen Perspektiven. Zielt man auf mehr Wachstum ab, soll dies spezifiziert werden, wessen Wachstum zu welchem Zweck angestrebt wird.« Im Lauf der Jahre hat es mehrere Versuche gegeben, eine angemessene Alternative zum Bruttosozialprodukt beziehungsweise zum Bruttoinlandsprodukt zu finden, doch keines der diskutierten Modelle hat sich durchgesetzt. Mit dem Schock der Finanzkrise ist das Thema wieder auf die Tagesordnung gekommen.

Tatsächlich stellt sich die Frage: Muss der Erfolg eines Landes, muss das gute Leben nicht anders bestimmt werden als durch die rein rechnerische Zunahme des BIP? Beispielsweise durch Kriterien wie soziale Stabilität, ökologische und ökonomische Nachhaltigkeit? Ein immer stärkerer Impuls, eine solch neuartige Bemessungsgrundlage zu schaffen, kommt dabei aus einer Sparte der Wirtschaftsforschung, in der zu klären versucht wird, ob und welche Zusammenhänge und Wechselwirkungen es zwischen wirtschaftlicher Entwicklung, Wohlstand und Zufriedenheit der Menschen eines Landes gibt. Die sogenannte »Glücksforschung« findet selbst in den Kreisen traditioneller Wirtschaftswissenschaften immer mehr Bedeutung. Mit welchen besseren Kriterien als der Umsatzrechnung in Form der Erhebung des Bruttoinlandsprodukts können wir also einen ganzheitlichen Maßstab, einen neuen Gradmesser für den Wohlstand eines Landes gewinnen, der das Wohlergehen berücksichtigt?

Die politisch bislang bedeutsamste Initiative kommt dazu von Frankreichs Staatspräsident Nicolas Sarkozy. Unter der Federführung so namhafter Ökonomen wie der Nobelpreisträger Joseph Stiglitz und Amartya Sen erarbeitete eine hochkarätige 22-köpfige Kommission in seinem Auftrag einen Bericht mit zwölf konkreten Vorschlägen (vergleiche dazu www.ofce.sciences-po.fr). Der wohl wichtigste Ansatz besteht darin, bei der Datenerhebung künftig von der Lebenssituation der Menschen, das heißt von der konkreten finanziellen Lage in den Privathaushalten, auszugehen, anstatt eine Pauschalrechnung aufzumachen. Die Kommission benennt dazu eine ganze Reihe von Faktoren, die als Indikatoren für die Lebenssituation der Menschen gelten können. Fest steht bereits jetzt, dass es darüber noch viele Diskussionen geben wird. Hoffentlich! Allein die politisch hochrangige Initiative und diese Vorschläge einer international renommierten Expertengruppe sind ein wichtiges Hoffnungszeichen für einen Wandel, der vor allem eines besagt: Die Zukunft liegt nicht in einer quantitativen, sondern in einer qualitativen Betrachtungsweise der Volkswirtschaft. Dies ist eine weit über die Ökonomie hinaus bedeutsame Erkenntnis.

Doch kehren wir zurück zur Gegenwart. Hier stellt sich die brisante Frage, ob »die Flucht nach vorn« aus der krisenerschütterten Zeit mittels eines starken Wirtschaftswachstums gelingen kann. Werden die anstehenden Aufgaben auf diese Weise bewältigt werden können? Was passiert, wenn das Wachstum über Jahre hinweg die gesetzten Zielgrößen nicht erreicht, die erwarteten und eingeplanten Erträge in den öffentlichen Haushalten ausbleiben? Die Wachstumszahlen der letzten fünfzehn Jahre stimmen nicht gerade zuversichtlich, und die finanzpolitische und wirtschaftliche Situation ist durch die hohe Verschuldung und die Langzeitfolgen der Wirtschaftskrise noch schwieriger geworden. Nicht zuletzt deshalb wäre es sinnvoll und ratsam, in einem Plan B auch solche Szenarien zu durchdenken und notwendige Schlussfolgerungen daraus zu ziehen. Eine tragende Rolle für eine zukunftsorientierte Politik spielen meines Erachtens dabei drei Aspekte:

1. Man muss sich darüber im Klaren sein, welche Auswirkungen es auf die Gesellschaft hat, wenn Wachstum die absolu-

te Priorität hat, an der Spitze der Wertehierarchie und der Dringlichkeitslisten politischen Handelns steht.

2. Es gibt keine Garantie für dauerhaftes Wirtschaftswachstum. Die abflachende Linie in der Vergangenheit und einige aktuelle Faktoren sprechen eher dagegen.

3. Das Bruttosozialprodukt ist keine geeignete Messgröße für qualitative Entwicklungen in der Gesellschaft, auch nicht in der Wirtschaft.

Was gewinnen wir wirklich, wenn wir aus konjunkturpolitischen Gründen ständig den Konsum fördern und damit zwangsläufig auch Trends, in denen ununterbrochen neue Produkte mit kurzer Nutzungszeit auf den Markt geworfen werden, Produkte, die wiederum einen entsprechenden Verbrauch von Ressourcen bedeuten? Wohlstand vielleicht, aber Zufriedenheit? Man kann Kurt Biedenkopf nur zustimmen, wenn er die aktuelle Situation wie folgt beschreibt: »Die Ökonomie ist das alles beherrschende Maß unseres Lebens. Sie bestimmt unser Wirtschaften und Arbeiten, unsere sozialen Einrichtungen, unsere Schulen und Hochschulen, unsere Theater und Museen, unser Verständnis von Wissenschaft und Kultur, Freizeit und Sport. Selbst die Familie und die kleinen Lebenskreise werden von der ökonomischen Realität überwältigt – und damit letztlich auch unsere Vorstellungen von Freiheit, Gerechtigkeit und Solidarität. Jede materielle Expansion erleben wir als Fortschritt. Besinnlichkeit, Ruhe und Einkehr misstrauen wir, weil wir dahinter Stagnation oder Leere vermuten. Die Gesetze der Produktion bestimmen unseren Lebensrhythmus. Wirtschaftswachstum, Beschleunigung und Mobilität definieren den Rang unseres Landes unter den Nationen.« Biedenkopf geht sogar so weit, darin eine »Deformation unseres Denkens« zu sehen. Diese mache uns blind für eine Vernunft, die sich aus anderen Kategorien ableitet als denen der ökonomischen Realität. So verlieren wir das Ganze aus den Augen, können Zusammenhänge nicht mehr erkennen und verstellen uns selbst den Zugang zum Sinn unseres Tuns. Besonders fatal ist, dass das Primat der Ökonomie uns in allen Lebensbereichen in die Rolle des Verbrauchers zwängt. Wir verstehen uns nur mehr als Konsumenten und pflegen allerorts eine entsprechende Erwartungshaltung, auch gegenüber dem Staat und dem Gemeinwesen. Erlebnis- und Spaßwelten sowie eine auffallende Eventkultur prägen unsere Lebenseinstellungen. Das ist das Bild, das wir als westliche Zivilisation vielen Regionen der Welt vermitteln, in denen Menschen die Gefolgschaft verweigern und Gegnerschaft organisieren. Unsere Aufgabe muss deshalb sein, das Ziel »Wachstum« in ein ganzheitliches Politikkonzept einzuordnen – und nicht alles diesem Ziel unterzuordnen. So fordern auch Franz-Josef Radermacher und Bert Beyers in ihrem Buch *Welt mit Zukunft*: »Auf Dauer entfaltet Wachstum positive Wirkungen nur dann, wenn es innerhalb der ökologischen Kapazitäten des Biotops und zugleich unter Bedingungen sozialer und kultureller Balance erfolgt. Dazu braucht es zukünftig neue Technik und andere Lebensstile, vor allem aber die entsprechenden Rahmenbedingungen der Märkte und damit adäquate Preisgestaltung und regulative Vorgaben.«

Die zerstörerische Logik des Kapitalismus

Kreativität, Einsatzbereitschaft und Leistungskraft der Menschen können sich im Wirtschaftsleben nur dann entfalten, wenn die Rahmenbedingungen diesen Kräften genügend Raum geben und sie fördern. In Planwirtschaften oder Marktwirtschaften mit starker Staatsdominanz – manche sprechen in diesen Fällen von »Staatskapitalismus« – ist dies entweder gar nicht oder auch nur sehr begrenzt möglich. Nicht zuletzt aus diesem Grund finden Menschen in Ländern mit marktwirtschaftlichen Ordnungen bessere Lebensbedingungen vor, haben mehr Chancen, ihre Fähigkeiten zu entwickeln, und genießen einen besseren sozialen Ausgleich. Der Wettbewerb der Ideen und Initiativen nutzt grundsätzlich allen. Nirgendwo ist dies geschichtlich eindeutiger dokumentiert als in dem heute noch spürbaren Unterschied zwischen den Lebensumständen der Menschen des einst geteilten Deutschland: Die Ordnung der Sozialen Marktwirtschaft hat den Bürgern der Bundesrepublik Deutschland damals »Wohlstand für alle« (Ludwig Erhard) gebracht, dazu ein Leben in einem stabilen Gemeinwesen. Die Planwirtschaft im Realen Sozialismus der DDR hingegen führte zu einer Misswirtschaft, zum allgegenwärtigen Mangel. Generationen wurden um ihre Lebenschancen gebracht, an der Bewältigung der Folgen arbeiten wir bis jetzt.

Heute, im vereinten Deutschland, haben wir es mit einer anderen Ausprägung der Marktwirtschaft, die der Altbundeskanzler Helmut Schmidt »Turbokapitalismus« als verschärfte Form des Kapitalismus nennt. Zu dieser Wirtschaftsform gibt es Folgendes zu sagen: Die marxistische Doktrin, wonach

Kapitalismus dort herrscht, wo das Produktionsziel Kapital unter privater Regie steht und Arbeit und Güter auf dem Markt gehandelt werden, hat allenfalls noch historische und theoretische Bedeutung. Eine heute gängigere Beschreibung des Kapitalismus lautet, dass er dort zu finden ist, wo es Wettbewerb gibt. Zugegeben, das ist eine sehr pauschale, unscharfe Definition, aber ebenso pauschal ist die oft zu hörende Schlussfolgerung, dass man dort, wo Wettbewerb herrscht, Kapitalismus als Wirtschaftsform braucht. Die heute prägendeste und wirksamste Ausformung des Kapitalismus ist zweifelsohne der Finanzkapitalismus, der rein gewinnorientiert arbeitet und das Shareholder-Value-Prinzip zur dominanten Größe erklärt. Er war die Wachstumsmaschine des letzten Jahrzehnts – und der Auslöser der Weltwirtschaftskrise.

Da jede Ordnung eine innere zwingende Logik, eine sogenannte Systemlogik, hat, stellt sich die Frage, wie die Ordnung des Kapitalismus zu einer Krise von solch substanzieller Art führen konnte. Gerade vor dem Hintergrund, dass jetzt und wahrscheinlich auch in Zukunft die verschiedenartigen Formen des Kapitalismus – zum Beispiel der Kapitalismus angelsächsischer oder der Staatskapitalismus östlicher und asiatischer Prägung – in der internationalen ökonomischen Debatte um die beste Wirtschaftsform meist in der Offensive sind, lohnt es, sich mit der inneren Logik des Kapitalismus auseinanderzusetzen. Der renommierte ehemalige Bundesverfassungsrichter Ernst Wolfgang Böckenförde analysiert in dem Artikel »Woran der Kapitalismus krankt« (*Süddeutsche Zeitung* vom 27.04.2009) mit der ihm eigenen Präzision und Unabhängigkeit im Denken die Unzulänglichkeit des Kapitalismus. Seiner Meinung nach liegt das Kernproblem nicht im Fehlverhalten von einzelnen systemimmanenten Akteuren, sondern eben in der Systemlogik des Kapitalismus als Wirtschaftsordnung und als Ordnungssystem, das den Menschen nicht als Person in seiner Ganzheit und in seiner jeweiligen

Lebenssituation mit einbezieht, sondern als Akteur mit bestimmten Kräften und Trieben braucht. Der Mensch ist nur ein Kostenfaktor, ein Produktionsmittel, seine maßgeblichen Antriebskräfte sind ein selbstbezogener Individualismus, das Erwerbs-, Innovations- und Gewinninteresse. Der Kapitalismus als Ordnungsform hat, so Böckenförde, als einziges Ziel die unbegrenzte Ausdehnung von Wachstum und Bereicherung. Alles, was diese Dynamik einschränkt, gilt als Hindernis, das beseitigt werden muss. Einziger Maßstab ist demnach die Förderung des Marktwettbewerbs – nicht die des Gemeinwohls. Dem Staat kommt in diesem System die Aufgabe zu, den maximalen Wettbewerb zu gewährleisten sowie die sozialen Folgen abzufangen und möglichst auszugleichen. Woran krankt also der Kapitalismus? Er krankt nicht allein an seinen Auswüchsen, nicht nur an der Gier und dem Egoismus von Menschen, die in ihm agieren. Er krankt an seinem grundsätzlichen Prinzip, seiner zweckrationalen Leitidee und deren systembildender Kraft. Deshalb ist es auch unmöglich, die Krankheit allein durch symptomatische Behandlung von außen zu heilen. Vielmehr muss das Übel an seiner Wurzel gepackt und das System umgebaut werden, denn bliebe es so, wie es ist, wirkt es zwangsläufig zerstörerisch.

Sicherlich kann man einwenden, dass die Dynamik und der Erfolg des Kapitalismus, viele Ressourcen für den Sozialstaat erbracht, viele Menschen aus der Not zu Arbeit und Brot gebracht hat. Diese Feststellung ist durchaus richtig, aber ebenso unstrittig ist die Aussage, dass dieses System längerfristig nicht trägt. Die Quittung bekommen wir dafür gegenwärtig in vielfältiger Weise und in allen Lebensbereichen präsentiert. Was die politische Kultur angeht, ist festzuhalten, dass eine primär nach der inneren Logik des Kapitalismus ausgerichtete Wirtschaftsordnung den Staat mit seinem gesellschaftlichen Auftrag zum sozialen Ausgleich zur Sanitätsabteilung und zum Reparaturbetrieb eines insgesamt florierenden Unternehmens degradiert. Die Wirtschaftsordnung und das wirtschaftliche Handeln verselbstständigen sich im Kapitalismus zu einer absoluten Größe und sind nicht länger integrierter Teil eines gesellschaftspolitischen Konzeptes. Da Sprache das Bewusstsein prägt, plädiere ich deshalb entschieden gegen die Gleichsetzung von Wettbewerb und Markt mit »Kapitalismus«. Das ist eine gefährliche Sprachregelung. Denn wer für Wettbewerb und Markt ist, ist damit auch, zumindest »irgendwie«, für den Kapitalismus. Setzt sich diese Begriffsdefinition einmal im Denken fest, wird die Dominanz des Ökonomischen und das Streben nach maximalem Wachstum der Wirtschaft weiterhin unser Leben bestimmen und der Mensch eben auf den Faktor »Humankapital« reduziert bleiben.

Soziale Marktwirtschaft
für das 21. Jahrhundert

In den vielen Reden und Publikationen zu ordnungspolitischen Grundsatzfragen gibt es ein nebulöses Durcheinander von »Sozialer Marktwirtschaft«, »freier Marktwirtschaft«, »Kapitalismus«. Tatsächlich sind die Grenzen fließend, die Unterschiede aber oft gravierend. So betrachten die einen die Soziale Marktwirtschaft als eine Variante oder eine Weiterentwicklung des Kapitalismus. Sie sehen darin diejenige Wirtschaftsform, die den Gegenentwurf zu staatswirtschaftlichen Systemen darstellt. Im Abschlussbericht vom 14.07.2009 der Kommission *Zukunft Soziale Marktwirtschaft*, München, heißt es: »Sie [die Soziale Marktwirtschaft, d. Verf.] beruht auf einer marktwirtschaftlichen Ordnung, die auf wirksame Sozialpolitik setzt. Marktwirtschaftliche Sozialpolitik gewährleistet einen Kapitalismus mit Menschlichkeit, Solidarität und Gerechtigkeit.« Ich frage: Gibt man mit der Formulierung »Kapitalismus mit Menschlichkeit, Solidarität und Gerechtigkeit« nicht schon den Wesenskern der Sozialen Marktwirtschaft preis? Allein schon sprachlich? Wenn man so argumentiert, befindet man sich begrifflich und inhaltlich bereits in der Defensive, weil man immer vom Kapitalismus ausgehend denken wird. Andere wiederum sprechen von der Sozialen Marktwirtschaft und sind eindeutig auf dem Weg zu immer mehr staatlichem Dirigismus. Deshalb frage ich erneut: Sind es nur Unschärfen in der Wortwahl oder herrscht hier mangelnde Klarheit in den ordnungspolitischen Debatten und Konzepten? Hat jeder seine eigene Variante der Sozialen Marktwirtschaft? Fast möchte man das glauben, denn woher käme sonst die sinkende Zustimmung der Bürger zu dieser Wirtschaftsform. Es ist also höchste Zeit, sich über das wahre Wesen der Sozialen Marktwirtschaft Klarheit zu verschaffen. Die Soziale Marktwirtschaft darf nicht als mildere Variante des Kapitalismus verstanden werden, sie ist grundsätzlich anderer Natur. »Im Mittelpunkt steht der Mensch« – diese gern und oft pauschal gebrauchte Formel ist tatsächlich der Wesenskern dieser Wirtschaftsordnung. Ihr liegt eine Werteordnung zugrunde, das heißt, in ihr sind verschiedene Interessen und Zielsetzungen, die durchaus oft in Spannung zueinander stehen, in einem ganzheitlichen Wertegefüge und Instrumentarium zusammengefügt. In der Welt des Kapitalismus hingegen ist eine solche Bündelung partikularer Interessen nicht vorgesehen, die Wirtschaft tritt allein für die maximale Entfaltung der ökonomischen Kräfte ein, während der Staat für den notwendigen sozialen Ausgleich, die Bewältigung gesellschaftlicher Kollateralschäden zuständig ist – ein dualistisches, unharmonisches Prinzip. Deshalb wage ich zu behaupten, dass es auch im 21. Jahrhundert keine humanere Alternative zur Sozialen Marktwirtschaft als ordnungspolitische Leitidee für Wirtschaft und Gesellschaft gibt. Sie ist dauerhaft besser, weil sich hier zum einen die ökonomischen Kräfte in einem stabileren gesellschaftlichen Gefüge entfalten können. Auf der Basis christlich-abendländischer Werte, die diese Wirtschaftsverfassung prägen, lassen sich die Herausforderungen, die eine wachsende Globalökonomie, neue technische Revolutionen, demografische Veränderungen und ökologische Probleme an uns stellen, im Sinne einer ganzheitlichen Politik am besten bewältigen. Zum anderen ist sie die Ordnung, die wirtschaftliche Leistungskraft zur Entfaltung bringt, Wettbewerb und Innovationskraft fördert und zugleich Gerechtigkeit im wirtschaftlichen Handeln einfordert. Sie ist sozial, weil sie dabei durch Teilhabe aller Mitwirkenden am ökonomischen Prozess und Ergebnis für eine innere Stabilität des Gemeinwesens sorgt und so gesellschaftliche Missverhältnisse ausgleicht. Die Erfahrungen im früheren kommunistischen Ostblock, aber auch in heutigen Krisenstaaten wie etwa in Lateinamerika, Asien und Afrika zeigen, dass erfolgreiches Wirtschaften dauerhaft nur in einem stabilen Gemeinwesen möglich ist und gesellschaftspolitische Stabilität bei sozialem Frieden umgekehrt wirtschaftlichen Erfolg voraussetzt. Deshalb sind diese signifikanten Merkmale der Sozialen Marktwirtschaft auch im 21. Jahrhundert der Schlüssel zur Zukunftsfähigkeit.

Die geistigen Väter der Sozialen Marktwirtschaft – Ludwig Erhard, Alfred Müller-Armack, Walter Eucken, Franz Böhm und andere – haben dieses Ordnungsmodell von Anfang an nicht als etwas Starres oder Statisches verstanden, sondern bewusst als Leitidee für eine offene Wirtschafts- und Gesellschaftsordnung konzipiert, die auf immer neue Herausforderungen reagieren kann und auf deren Grundlage sich immer neue Entwicklungen erfolgreich gestalten lassen. Voraussetzung ist, dass dieses Ordnungskonzept in seiner Grundsubstanz nicht verfälscht und in seiner Flexibilität und Leistungskraft nicht beeinträchtigt wird.

Die Soziale Marktwirtschaft beruht auf den Grundwerten und Grundrechten unserer Verfassung, nämlich Menschenwürde, Freiheit und Gerechtigkeit. Aus diesen unanfechtbaren Idealen resultieren für das Individuum weitere Rechte und Freiheiten, wie die freie Entfaltung der Persönlichkeit – Eigenverantwortung und Eigeninitiative sind hier gemeint –, die freie Meinungsäußerung und Informationsfreiheit, die Freiheit von Forschung und Lehre, die Berufsfreiheit, die Koalitionsfreiheit, Vertragsfreiheit und das Recht auf Eigentum. Gleichzeitig steht jeder Einzelne auch in der Pflicht, ebendiese Rechte auch anderen zuzugestehen, das heißt, er steht in sozialer Verantwortung. Soziale Marktwirtschaft bedeutet somit das Primat von Eigenverantwortung und wirtschaftlicher Freiheit analog zur politischen Verantwortung und Freiheit innerhalb der parlamentarischen Demokratie.

Versuchte man das Wesen der Sozialen Marktwirtschaft anhand von Begrifflichkeiten der christlichen Soziallehre festzumachen, ließe sich die Begriffstrias »Personalität, Subsidiarität und Solidarität« anführen: Personalität als Inbegriff von Freiheit und persönlicher Verantwortung für sich selbst, die Familie und die Allgemeinheit sowie als Garant für Menschenwürde und verantwortetes menschliches Zusammenleben; Subsidiarität als dem Menschen gerechtes Ordnungsprinzip, das der kleineren Einheit prinzipiell Vorrang bei der Erfüllung von Aufgaben einräumt; Solidarität als Ausdruck der primär freiwilligen Mitverantwortung für andere, also Ausdruck von Humanität und Verantwortungsgemeinschaft – nach dem Grundsatz der Hilfe zur Selbsthilfe. Dazu gehört auch die Unterstützung derer, die sich selbst nicht helfen können, ein menschengerechtes Leben zu führen.

»Nicht Kassenlage, sondern Menschenwürde sind Kriterium des Sozialstaates sozial-marktwirtschaftlicher Prägung! Insofern rückt bei der Begründung des sozialen Netzes ein Menschenbild in den Mittelpunkt, dessen Grundkomponente, die Würde der menschlichen Person, ein entscheidendes Fundament dieser Wirtschafts- und Sozialordnung der Bundesrepublik Deutschland bildet. Das ›Soziale‹ der Sozialen Marktwirtschaft ist kein Almosen, keine Zutat zum System des Marktes, sondern ein inneres Regulativ, das der Freiheit die Verantwortung gegenüberstellt und die Überforderung der Eigenverantwortung durch Gemeinwohlorientierung verhindert.« Mit diesen Worten beschreibt der Sozialethiker und Augsburger Weihbischof Anton Losinger die Soziale Marktwirtschaft und betont den essentiellen Unterschied zur reinen Marktdominanz im Kapitalismus, der sich bei uns unter falschem Etikett eingeschlichen hat. Die lange Zeit propagierte Soziale Marktwirtschaft hat nämlich in den vergangenen

Jahrzehnten derart viele Verfälschungen und Veränderungen erfahren, dass sie sich buchstäblich wesensfremd wurde. Der Grund ist eine Modifikation in der Wertehierarchie, die aus ideologischen Gründen aus dem linken Parteienspektrum und im Hochgefühl der Verteilung von Wohltaten aus dem konservativ-liberalen Lager herbeigeführt wurde. Obwohl im Verständnis der Sozialen Marktwirtschaft an erster Stelle die Eigenverantwortung und die Verbindung von Freiheit zum Handeln und Verantwortung mit allen Konsequenzen für das eigene Tun stehen, wurde der Anspruch auf Solidarität fälschlicherweise über das Prinzip der Eigenverantwortung gehoben. Dementsprechend weitete man die Staatstätigkeit aus, und im Glauben auf ständiges Wachstum und damit unerschöpflichen Reserven wurde dieser schwerwiegende Schritt auch von jenen hingenommen, deren grundsätzlichen Wertvorstellungen diese Entwicklung nicht entsprach. Das Ergebnis: Staat und Gesellschaft sind zunehmend überfordert. Die Folge: Unser Wohlstand ist durch uns selbst bedroht. In Europa sind wir aus der Spitzengruppe weit zurückgefallen – ein Alarmzeichen, das uns aufrütteln muss. Seit Mitte der 1990er-Jahre hat europaweit nur Italien weniger Wachstum als Deutschland, was offenbart, dass wir zu sehr von der Leistung der Vergangenheit leben. Nicht dass ich damit einem noch engagierteren Kapitalismus das Wort reden wollte, im Gegenteil, dieser Sachverhalt deutet vielmehr darauf hin, dass die Effizienz des dualistischen Systems des Kapitalismus geringer ausfällt, als man gemeinhin glauben möchte. Und nun werden als Folge der Krise sogar noch mehr staatliches Eingreifen und Steuern des Wirtschaftens verlangt. Damit könnte der Irrweg zur Autobahn werden, auf der noch schneller das Ende der Sackgasse erreicht wird.

Die vor uns liegenden Aufgaben werden wir auch im Vergleich mit anderen Ländern nur dann angemessen gestalten, wenn wir zu einer Wirtschafts- und Gesellschaftsordnung finden, welche die bestmöglichen Voraussetzungen für die Entfaltung der in unserem Volk schlummernden Leistungskraft bieten können. Eine ganz besondere Herausforderung wird dabei die Verpflichtung zum nachhaltigen Wirtschaften darstellen. Allein mit Einsicht in die Notwendigkeit und der Bereitschaft, dies zu leisten, werden wir nicht weit kommen. Die entscheidende Frage ist, ob es gelingt, ein wirksames Instrumentarium der Lenkung dafür zu entwickeln. Wie messen wir Nachhaltigkeit, wie können wir ein entsprechendes Wirtschaften im Spannungsfeld zwischen den Anforderungen des Tages und den Bedingungen des Wettbewerbs realisieren? Im Grunde geht es doch darum, Wertsetzung als solche und Rationalität des Marktes praktikabel miteinander zu verbinden. Im sozialen Ausgleich ist dies im Hinblick auf die nachkommende Generation bereits schwer umzusetzen – die heikle Frage der Generationengerechtigkeit in den sozialen Sicherungssystemen und die nur schwer durchsetzbaren Konsequenzen, die aus der demografischen Entwicklung gezogen werden müssen, lehren uns dies im politischen Alltag. Gleiches gilt für die Problematik der Staatsverschuldung, und noch schwieriger, weil abstrakter und allgemeiner, gestaltet sich die Situation bezüglich ökologischer Verantwortung – national wie international. »Die Freiheiten der Marktwirtschaft treffen bei Themen der Nachhaltigkeit auf eine gern ausweichende ›unvernünftige‹ Gemeinschaft. Unsere Vernunft siegt nicht über die Bequemlichkeit, über die Gewohnheit und den Reiz des ›unvernünftigen Angebots und anonymen Kaufs‹. Ohne Mobilisierung neuer Kräfte der Meinungsbildung und zwingender Werteregeln für die Marktwirtschaft, ohne Änderungen am System, werden wir diese Blockaden nicht überwinden«, resümiert der langjährige Manager mit internationaler Erfahrung Peter H. Grassmann in seinem Zukunftsprojekt *Plateau 3*. Die geforderten Änderungen im System können dabei nicht so aussehen, dass wir uns darauf beschränken, die

Motive und Zielsetzungen der Sozialen Marktwirtschaft der Gründerzeit zu revitalisieren. Nein, Letztere muss den Anforderungen der Zeit gemäß weiterentwickelt werden. Im Lissabonner Vertrag der Europäischen Union ist ebendieser Anspruch verbrieft worden. Dort heißt es: »Die Union errichtet einen Binnenmarkt. Sie erwirkt die nachhaltige Entwicklung Europas auf der Grundlage eines ausgewogenen Wirtschaftswachstums und von Preisstabilität, einem hohen Maße wettbewerbsfähige Soziale Marktwirtschaft, die auf Vollbeschäftigung und sozialem Fortschritt abzielt, sowie ein hohes Maß an Umweltschutz und Verbesserung der Umweltqualität hin« (Artikel 3 Abs. 3 Unterabsatz 1, Sätze 1 und 2 des künftigen Unionsvertrages). Es bleibt nun zu hoffen, dass diesem Bekenntnis Taten folgen – nicht nur in Europa selbst, sondern auch auf Weltebene, wenn die EU in internationale Verhandlungen tritt. Bislang hat in der Europäischen Union leider das angelsächsische Leitbild des Wirtschaftens verstärkt das Handeln bestimmt.

Für eine Neuorientierung
der Globalisierung

Immer mehr Menschen empfinden die Globalisierung als Bedrohung. Ist dieses Unwohlsein unbegründet? Kommt es nur daher, weil Lieschen Müller die Welt nur aus der Froschperspektive überblickt, kleinkariert und zu ängstlich denkt? Was lesen wir in einer Publikation, die Lieschen Müller eben nicht liest, dem *Managermagazin* (Ausgabe vom 01.03.2008): »Es liegt etwas in der Luft. Wie bei einem heraufziehenden Unwetter, wenn sich der Himmel allmählich verdunkelt, erste Sturmböen die Bäume biegen und sich ein leichter Druck auf die Schläfen legt. Ein dräuendes Unbehagen plagt derzeit die Wirtschaftselite. Viele haben das unbestimmte Gefühl, dass etwas dramatisch schiefläuft im globalisierten Turbokapitalismus. (…) Es sind bleischwere Fragen, die sich den nachdenklicheren [Köpfen, d. Verf.] in Wirtschaft und Politik stellen: Läuft der finanzmarktgetriebene globale Superkapitalismus Gefahr, sich selbst zugrunde zu richten? Zerstört die Globalisierung der Wirtschaft, so wie sie sich derzeit vollzieht, am Ende die Demokratie? Und wenn ja: Können wir überhaupt etwas dagegen tun? Oder machen uns die neuen dynamischen Diktatoren – von China bis Russland – am Ende platt?« Hat Lieschen Müller doch eine intuitive Ahnung?
Zurück zum Weltwirtschaftsforum in Davos, Januar 2008. Dort waren all diese Themen auf dem Tisch. Bill Gates rüttelte mit seiner Rede auf, seine Idee vom »kreativen Kapitalismus«, von Konzernen, die nicht bloß Gewinn machen, sondern auch den Armen in der Welt helfen und dafür ein Prozent ihrer Forschungsaufgaben verwenden, lieferte anhal-

tenden Gesprächsstoff. Hubert Burda, einer der innovativen und erfolgreichen Unternehmer, die von Anfang an auch dieses Weltwirtschaftsforum mitgestaltet haben, sagte dazu: »Diejenigen, die von der Globalisierung profitiert haben, merken, wie dieser Prozess immer größer und schneller wird. Und sie erkennen, dass dies zu handfesten Konflikten führen kann, die die Wirtschaft destabilisieren.« Er sprach davon, dass etwas in Bewegung geraten, ein epochaler Wandel im Gange sei (*Süddeutsche Zeitung* vom 28.01.2008).

Höchste Zeit also, endlich eine Bestandsaufnahme zu machen und eine Zwischenbilanz zu ziehen. Mit »Globalisierung« beschreiben wir die Dynamik der wirtschaftlichen Entwicklung und die sich daraus ergebenden Chancen – gerade das exportorientierte Deutschland hat ökonomisch außerordentlich profitiert –, aber auch die damit verbundenen Konsequenzen wie die soziale Frage. Es ist unbestreitbar, dass nicht nur Konzerne, Reiche und Superreiche aus der Globalisierung Kapital schlugen, sondern auch viele hunderte Millionen Menschen Armut überwinden konnten – nach der herrschenden Lehre in der Ökonomie ergibt sich über sogenannte »Sickerungseffekte« auch ein entsprechender Nutzen für Arme und Leistungsschwache. Beim genaueren Hinsehen zeigt sich aber, dass dies eine Teilwahrheit ist. Nicht mehr zu leugnen ist, dass der rasante Globalisierungsprozess uns in eine zunehmend instabile Welt führt. Die sozialen Gegensätze nehmen zu, in den wohlhabenden Ländern ebenso wie in den Aufsteigerländern. Kulturelle und soziale Spannungen führen zunehmend zu nationalen und internationalen Kontroversen in Form von Kriegen und Terrorismus. In unseren Köpfen ist Globalisierung nach wie vor primär ein Wirtschaftsgeschehen, in Wirklichkeit hat sie jedoch alle unsere Lebensbereiche erfasst. Immer mehr ist sie mit einem Prozess gleichzusetzen, in dem sich Menschen mit unterschiedlicher kultureller und religiöser Prägung sowie verschiedenartigen Wertvorstellungen begegnen. Dies birgt verstärkt Konfliktpotenzial. Umso verwunderlicher ist es, dass nach wie vor allein über die technischen Regeln des gemeinsamen Handelns gerungen und verhandelt wird, während über die notwendigen ethischen Grundlagen für ein vereintes Vorgehen lediglich in Nichtregierungsorganisationen (NGOs) nachgedacht wird.

Viele Gewinner des Globalisierungsprozesses leben in ihrer eigenen Welt und fühlen sich für das Ganze nicht verantwortlich. Ihnen sei gesagt, dass die wachsende Zahl der Verlierer die künftige weltweite Entwicklung zunehmend beeinflussen wird. Denn ein Globalisierungsprozess, der weitgehend von Regeln des Freihandels bestimmt ist, ruiniert unseren Planeten und das Zusammenleben in der Weltgesellschaft. Wir dürfen also nicht nur auf die Gewinner achten, sondern müssen vor allem den Verlierern der weltökonomischen Prozesse Aufmerksamkeit schenken – und ebenso unserem Planeten als unseren Lebensraum. Prinz El Hassan bin Talal von Jordanien, der Präsident des Club of Rome, bemerkt dazu im Vorwort des Buches *Welt mit Zukunft* von Franz-Josef Radermacher und Bert Beyers: »Der Welt droht ein ökologischer Kollaps, wenn sie die sozialen Fragen zu Lasten der Umwelt zu lösen versucht. Und ihr droht eine Brasilianisierung, das heißt eine unakzeptable Wohlstandsverschiebung von der Mehrheit der Menschen zu profitierenden Eliten inklusive der Auflösung der Demokratie, falls sie die ökologischen Probleme zu Lasten der sozialen Probleme zu lösen versucht.«

Natürlich können wir die Globalisierung nicht stoppen. Das würde auch nicht zu einer besseren, gerechteren Welt führen. Ihr ungeheures Potenzial braucht vielmehr eine andere Ausrichtung, die Dynamik und Fortschritt mit sozialem Ausgleich und kulturellem Respekt verbindet. Die Kluft zwischen Arm und Reich wächst zusehends, Beziehungen zwischen den Kulturen gestalten sich nicht harmonischer, sondern laden sich offensichtlich mit Spannungen auf – das ist der Nährboden für Konflikte, Hass und Terror. Will man deshalb die Regeln verändern, muss man an den entscheidenden Stellschrauben drehen und beispielsweise die Regelwerke der Welthandelsorganisation um die Pflicht zur Beachtung bestimmter sozialer, kultureller und ökologischer Standards erweitern. »Wir haben nur diesen einen Planeten. Die Schicksalsfrage der Menschheit ist eine bessere Gestaltung der Globalisierung.« Dies ist mittlerweile nicht mehr nur der Ruf von geistigen Vorkämpfern wie Franz-Josef Radermacher, sondern auch von Staats- und Regierungschefs. So stellte Bundeskanzlerin Angela Merkel auf dem Weltwirtschaftsforum in Davos 2006 die entscheidende Frage, welchen Ordnungsrahmen unsere veränderte Welt wohl benötige, und antwortet selbst: »Wir brauchen eine Verzahnung von Umweltschutz und Sozialmaßnahmen mit der Welthandelsorganisation, mit dem Internationalen Währungsfonds und mit der Weltbank. Die Dinge müssen aufeinander abgestimmt sein. So, wie im Rahmen der Sozialen Marktwirtschaft – dies ist jedenfalls unsere Erfahrung – der soziale und der ökologische Ausgleich auch immer Teil einer lebenswerten Gesellschaft waren, muss dies, glaube ich, auch im Ordnungsrahmen einer zukünftigen Welt stattfinden.« Mit dieser Aussage umreißt Angela Merkel nicht nur den Ordnungsrahmen, sie fordert zugleich einen Gesellschaftsvertrag für den Globus. Ein solches politisches Konzept sprengt jedes bisherige Verständnis von Entwicklungshilfe und zielt auf eine Weltinnenpolitik. Doch bis das ausformuliert und umgesetzt sein wird, ist es ein langer Weg. Das Denken und Handeln wird gegenwärtig noch weitgehend von rein ökonomischen Standpunkten geprägt und diese wiederum von den Vorstellungen eines möglichst freien Handels. Freie Märkte aber, die weder begrenzt noch gesteuert und in ein Gesamtkonzept eingebettet sind, sind eine Sackgasse. Das große Problem ist, dass nationale Alleingänge, die Globalisierung nachhaltig und zukunftsfähig gestalten möchten, nichts bewirken außer einem einseitigen Nachteil der jeweiligen Initiativländer. Aufgrund dieser Erfahrung sehen sich deshalb alle Beteiligten im Zugzwang, im bisherigen System wie gehabt weiterzumachen, wenn nicht gemeinsam zukunftsweisende Lösungen gefunden würden.

Neben der Finanz- und Wirtschaftskrise ist der Klimawandel das bestimmende Thema weltweiter Diskussionen und Verhandlungen. Hier geht es um ein globales Problem schlechthin. Jeder ist allerorts betroffen – Globalisierung in Reinform. Nicht wenige glauben, dass man die Richtung, die man aktuell in Sachen Weltwirtschaft und Klimaschutz eingeschlagen hat, durchaus beibehalten könne, weil die ökologischen Probleme mit hochentwickelter Technik gelöst werden können. Diese Haltung ist kurzsichtig. Die Situation verbessert sich nicht entscheidend, wenn zwar einerseits weniger Energie und Rohstoffe je Produkt gebraucht werden, durch die Zunahme der Produkte im Rahmen des Wirtschaftswachstums und des Wohlstandes aber diese wiederum quantitativ erheblich zunehmen. Notwendig ist daher ein grundsätzlich anderer Ansatz, wie er beispielhaft in dem Konzept einer Ökosozialen Marktwirtschaft entwickelt wurde. Das Beeindruckende dieses Programms ist, dass entgegen vieler Vorstellungen, die bei Kritikern vorherrschen, kein Abschied von der Globalisierung und der modernen Welt propagiert wird, sondern ein »Durchbruch nach vorne«, in dem die Innovationskraft des Marktes und die Möglichkeiten der modernsten Technik für die Realisierung eines ganzheitlichen Entwicklungskonzeptes eingesetzt werden. »Der Schlüssel zu dieser Entwicklung liegt in einer ehrlichen Preisstruktur der Weltökonomie und einer intelligenten Kofinanzierung des Südens durch den Norden«, meint Franz-Josef Radermacher in *Welt mit Zukunft*. Für die Realisierung der Ökosozialen Marktwirtschaft wurde in Anlehnung an die damalige amerikanische Initiative des Marshall-Plans ein sogenannter »Global-Marshall-Plan« ent-

wickelt. Der Ansatz des Global-Marshall-Plans, so Radermacher, sei systemisch. Dazu bräuchte man nicht den besseren
Menschen, sondern weltweit bessere Ordnungsbedingungen.
»Leistungsorientierung, sozialer Ausgleich und Umweltschutz sind die zentralen Elemente der Ökosozialen Marktwirtschaft. Anders formuliert: Leistung und Gegenleistung,
Fairness und Gerechtigkeit, Solidarität und Subsidiarität und
Frieden mit der Biosphäre.« Ziel ist »eine globale Ordnungs-
struktur, die die Umwelt schützt, die Welt insgesamt reicher
macht und zugleich die Einkommensverteilung weltweit auf
das Niveau der entwickelten Länder hebt, in den ärmeren
Ländern deutlich höhere Wachstumsraten bewirkt, als in den
reichen Ländern überhaupt möglich wäre«. Im Sinne der
Chancengerechtigkeit wäre das ein entscheidender Fortschritt
für die Menschen in den schwächer entwickelten Ländern des
Südens. Unser Beitrag bestünde demnach weniger im Teilen
des Vorhandenen, sondern im Schaffen von fairen Bedingungen, etwa im Welthandel.

Diesen Überlegungen zufolge könnte auch das in der Europäischen Union bereits bestehende Prinzip der Kofinanzierung
gegen Beachtung europäischer Standards als Vorbild für ein
Weltmodell dienen. Aus dem europäischen Fond werden hier
Projekte und Maßnahmen von allgemeinem Interesse finanziell gefördert, sofern sie den europäischen Richtlinien genügen. Natürlich müsste sich dieses Prinzip unter ungleich
schwierigeren, weil globalen Bedingungen erst bewähren,
aber es stellt zumindest einen der wenigen Wege dar, mit
denen die nationalen Egoismen und Alleingänge überwunden
werden könnten. Zudem dürfte ein solches Konzept nicht nur
für die Menschen in der sich entwickelnden Welt, sondern
auch für die überwältigende Mehrheit der Menschen in den
heute reichen Ländern von großem Interesse sein, weil bei der
jetzigen Entwicklung auch bei uns immer mehr Menschen zu
den Verlierern zählen.

Bislang von uns sträflich vernachlässigt, aber von außerordentlicher Bedeutung ist das Miteinander oder Gegeneinander der Kulturen. Im jetzigen Globalisierungsprozess werden die Kulturen anderer Regionen dieser Erde von einer westlichen Zivilisationswalze überrollt, die zu Demütigungen führt und immer härtere Gegenreaktionen hervorruft. Die Menschen fremder Kulturkreise erleben mit ihrem jeweiligen kulturellen Bewusstsein die westliche Kultur vor allem als eine des Konsums und häufig zügelloser Freiheit – sie erleben oftmals mehr die negative Seite unserer Zivilisation und spüren einen westlich geprägten Dominanzanspruch, der sie herausfordert und im intellektuellen Diskurs auch als kultureller Kolonialismus des 21. Jahrhundert beschrieben wird. Umso dringlicher ist es, dass wir einen gemeinsamen ethischen Nenner finden, um die Konfrontation zu entschärfen. Der Theologe Hans Küng hat dafür schon vor Jahren das Projekt »Weltethos« entwickelt und als gemeinsame Grundlage die sogenannte »goldene Regel« entdeckt und in den Mittelpunkt seiner Überlegungen gestellt. Sie lautet: »Was du nicht willst, was man dir tut, das füge auch keinem anderen zu.« Als Auftrag an jeden Einzelnen von uns formuliert, bedeutet dies: »Was du willst, das man dir tut, das tue auch den anderen.« Wer lieber die säkularisierte Form der goldenen Regel bevorzugt, hört auf Kants kategorischen Imperativ: »Handle so, dass die Maxime deines Willens jederzeit zugleich als Prinzip einer allgemeinen Gesetzgebung gelten könne.« Die Botschaft der goldenen Regel jedenfalls hat sich über Jahrtausende im Zusammenleben der Menschen bewährt, religiöse wie nicht religiöse Menschen können sich darauf verständigen und sich auf sie berufen. Überträgt man die Regel gedanklich auch auf die Nachkommen, wird sie sogar zu einem tauglichen Kompass für den Maßstab der nachhaltigen Nutzung unseres Planeten.

Ein ganzheitliches Konzept und eine entsprechende Strategie für eine glückende »Weltinnenpolitik« müssen – und das ist unbestreitbar – die prägende und in weiten Teilen der Welt wieder wachsende Rolle der Religionen in ihrem Entwurf berücksichtigen. Wer nicht bereit ist, sich dieser Aufgabe anzunehmen und sie ernst zu nehmen, wird viele Entwicklungen in der Welt nicht durchschauen, und die Menschen werden sich innerhalb der Weltgemeinschaft wechselseitig nicht verstehen. Um solchen Missverständnissen bestmöglich vorzubeugen, kann und muss Europa aufgrund seiner geschichtlichen Erfahrungen für diese Weltaufgaben eine aktivere und selbstbewusstere Rolle übernehmen. In den vergangenen Jahrzehnten haben wir Europäer in vielen Lebensbereichen, insbesondere im Konsumverhalten und in der Ökonomie allzu gerne die Maßstäbe der Weltmacht USA übernommen. In vielen Bereichen geschah dies freiwillig, weil wir fasziniert von dieser »modernen« Welt waren, in anderen Fällen haben wir uns oft ohne Selbstbewusstsein dem Anspruch der USA gebeugt, die eigenen europäischen Erfahrungswerte ignorierend. Ich erinnere hier vor allem an die Regelungen in den Finanzmärkten und an das Diktat kurzfristig ausgerichteter Unternehmensführung. Mit dem jetzigen US-Präsidenten Barack Obama gibt es aber neue Chancen eines veränderten und gemeinsamen Weges für eine überlegte Weltinnenpolitik. Diese amerikanische Regierung setzt deutlich andere Akzente in der Klimapolitik als früher, sie sucht eine außenpolitische Linie der Partnerschaft anstelle des Diktats und der Dominanz. Obama pflegt ein großes Verständnis dafür, was kulturelle Unterschiede angeht, und verkörpert in seinem eigenen Lebensweg die Fähigkeit, im Dialog der Kulturen Brücken zu schlagen. Seine Ideale und Ziele werden jedoch auf harte Wirklichkeiten stoßen. Nicht zuletzt deshalb sollten sich die Europäer nicht auf eine Zuschauer- oder Schiedsrichterrolle in der Ausgestaltung einer Weltinnenpolitik beschränken, indem sie den USA mit mehr oder minder klugen Kommentaren zur Seite stehen. Sie sollten selbst tätig werden und sich nicht von der Komplexität der Globalisierung, der vielen Wirklichkeiten in der einen Welt, abschrecken lassen.

Ein Versuch, diese verflochtene Vielfalt der Welt bildlich zu erfassen, stellt das folgende Modell eines multikulturellen Dorfes dar.

Die Welt als Dorf

(Quelle: www.attac.berlin.de)

Wenn wir die ganze Menschheit auf ein Dorf mit 100 Einwohnern reduzieren würden, wobei wir auf die Proportionen aller bestehenden Völker achten, wäre dieses Dorf so zusammengestellt:

57 wären Asiaten
21 Europäer
14 Amerikaner (Nord und Süd)
8 Afrikaner
52 Frauen
48 Männer
70 Nicht-Weiße
30 Weiße
70 Nicht-Christen
30 Christen
89 Heterosexuelle
11 Homosexuelle
6 Personen würden 59 % des gesamten Weltreichtums besitzen und alle 6 Personen kämen aus den USA.
80 hätten keine ausreichenden Wohnverhältnisse
70 wären Analphabeten
50 wären unterernährt
1 würde sterben

2 würden geboren
1 hätte einen PC
1 hätte einen akademischen Abschluss

Weiter heißt es dort:

Falls du heute Morgen gesund und nicht krank aufgewacht bist, bist du glücklicher als 1 Million Menschen, welche die nächste Woche nicht erleben werden.

Falls du nie einen Kampf des Krieges erlebt hast, nie die Einsamkeit der Gefangenschaft, die Agonie des Gequälten oder Hunger gespürt hast, dann bist du glücklicher als 500 Millionen Menschen der Welt.

Falls du deine Religion ausüben kannst, ohne die Angst, dass dir gedroht wird, dass man dich verhaftet oder dich umbringt, bist du glücklicher als 3 Milliarden Menschen der Welt.

Falls sich in deinem Kühlschrank Essen befindet, du angezogen bist, ein Dach über dem Kopf hast und ein Bett, bist du reicher als 75 Prozent der Menschen dieser Erde.

Falls du ein Konto bei der Bank hast, etwas Geld im Portemonnaie und etwas Kleingeld in einer kleinen Schachtel, gehörst du zu 8 Prozent der wohlhabenden Menschen auf dieser Welt.

Spätestens nach der Lektüre dieser wenigen Zeilen wird vielen von uns bewusst werden, welch privilegiertes Leben sie im Vergleich zur restlichen Weltgemeinschaft führen. Die Verteilung des Wohlstands gleichmäßiger zu gestalten, gebührt der Anstand.

Jahrhundert-Herausforderungen

Die Aufbaugeneration der Nachkriegszeit hat die Grundlagen für unser stabiles Gemeinwesen und unseren Wohlstand erarbeitet. Eine große, aus unserer heutigen Sicht fast unvorstellbar große Aufgabe, die eindrucksvoll gemeistert wurde. Das war nur möglich, weil für ein gemeinsames Handeln die Richtung klar war: die Not überwinden und dann »Wohlstand für alle«. Auch heute sind wir mit einer geschichtlich betrachtet außerordentlichen Dichte von großen und komplexen Aufgaben konfrontiert. Nur ist die Übereinstimmung über die Notwendigkeit und die Ziele des Handelns nicht so groß wie damals und die Dimension der Herausforderungen in ihrer Summe überwältigend: Die meisten wichtigen Aufgaben und Weichenstellungen können nicht mehr im Rahmen nationaler Entscheidungen angepackt und gelöst werden. »Global denken und lokal handeln« – ein Slogan aus der Umweltbewegung besitzt heute ebenso viel Gültigkeit wie sein Pendant »globale Entwicklungen und lokale Auswirkungen«. Was ist damit gesagt? Nichts anderes als dass alle Lebensbereiche und jeder von uns in lokal-globalen Wechselbeziehungen steht, jeder Betroffener und auch Akteur ist.

Die Größe der zahlreichen Herausforderungen hat ihre Ursache in der zu langen Verdrängung. Längst erkennbare Trends wie etwa bei der demografischen Entwicklung oder den Folgen der Übernutzung des Planeten wurden hartnäckig ignoriert, andere haben sich in kürzester Zeit aus der rasanten Globalisierung ergeben. Vieles spricht dafür, dass die Entscheidungen oder Versäumnisse der nächsten Jahre für lange Zeit von außerordentlicher Bedeutung sein werden. Die

Dringlichkeit jedoch, jetzt endlich Maßnahmen ergreifen zu müssen, steht außer Frage. Wann dann, wenn nicht jetzt – so muss man sich angesichts der heutigen Erkenntnisse über die Gefährdungen unserer Lebensgrundlagen durch die Klimaveränderungen oder die Folgen fehlender oder unzureichender Ordnungen in der Weltwirtschaft fragen. Wenn in der allernächsten Zeit, also in den nächsten Monaten und Jahren solche Weichenstellungen nicht erfolgen, kein entsprechender politischer Durchbruch und keine entsprechende Bewusstseinsbildung bei uns allen erreicht wird, wird die Zukunft mehr als bedrohlich. Die Drohkulisse, die sich vor uns aufbaut, darf uns nicht in Schockstarre versetzen, sondern muss als eine große Chance für nachhaltige Veränderungen interpretiert werden, die uns und unserer Nachwelt eine bessere Lebensqualität bescheren und zu einer stabileren, weil ausgeglicheneren Weltgemeinschaft führen kann. Noch viel zu wenig haben wir realisiert, dass wir mit den Völkern dieser Erde täglich mehr eine Schicksalsgemeinschaft werden und wir uns aus dem Kuchen, der die Welt ernährt, nicht nur die Rosinen herauspicken können. Lange Zeit hat Deutschland als Exportnation von den Chancen einer umtriebigen Weltwirtschaft erheblich profitiert. Deren hohe Risiken und Abhängigkeiten wurden nun in der wirtschaftlichen Krise, in den sozialen Konflikten, die aus dem harten Wettbewerb um Arbeit und betriebsbedingten Standortverlagerungen erwachsen, schmerzlich offenbar.

Wir werden das Geschehen in der Welt und unsere Situation aber nicht verstehen lernen, wenn wir uns mit dem stärksten Faktor mittel- und längerfristiger Entwicklungen, der prägenden Kraft der Kulturen, nicht konstruktiv auseinandersetzen. Unser Bildungssystem – von den Schulen über die Universitäten bis hin zur Ausbildung von Führungskräften – muss rasch dahingehend überprüft und verändert werden, dass wir die Welt nicht länger nur durch die Brille des Urlaubers, des Verbrauchers und des Wirtschaftsstatistikers betrachten, sondern ein Grundverständnis für andere Kulturen und Religionen entwickeln.

Wir werden auch morgen und übermorgen damit konfrontiert sein, dass eine wachsende Zahl von Völkern mit einer Einstellung ähnlich der der Deutschen in der Nachkriegszeit einsatzbereit und lernwillig am Aufstieg des eigenen Landes arbeiten und harte Konkurrenten um den Wohlstand sein werden. Das ist ihr gutes Recht und soll nicht zu Neid und Missgunst der anderen führen. Stattdessen müssen wir in der internationalen Politik unseren Beitrag dafür leisten, dass die soziale und kulturelle Spaltung der Welt nicht weiter zunimmt, sondern wieder abgebaut wird. Ansonsten wird als Folge der Globalisierung die Welt immer instabiler und damit auch unsere eigene Lebenssituation immer unsicherer werden. Was das bedeutet, erfahren wir bereits jetzt. Neue Bedrohungen des Friedens fordern uns weltweit heraus – ein Zustand, der sich in den zunehmenden Auslandseinsätzen der Bundeswehr dokumentiert. Die vernetzte Welt ist wahrlich kein idyllisches Dorf, auch wenn wir nach dem Zusammenbruch des Kommunismus hofften, im Sinne des biblischen Wortes »aus Waffen Pflugscharen machen« eine neue Weltordnung in Frieden und Freiheit mit einem weltweiten Sieg der Demokratie schaffen zu können. Die Entwicklung ist erkennbar eine andere. Wir erleben, wie zerfallende Staaten, ganze Regionen ohne staatliche Autorität die Weltsicherheit destabilisieren und als besonderer Nährboden für Terrorismus dienen. Verteilungskämpfe um Rohstoffe und Wasser, Umweltkrisen, große Wanderungsbewegungen und ethnische, kulturell-religiöse Bürgerkriege gefährden den Frieden weltweit. Handelnde sind längst nicht mehr Staaten alleine, sondern ebenso ethnische und religiös-fundamentalistische Gruppen, private Kriegsunternehmer sowie kriminelle und terroristische Netzwerke. All diese Phänomene erfordern eine neue Dimension internationaler Sicherheitspolitik und unsere aktive Beteiligung.

Das Gleiche gilt für die Klimaveränderungen, die wir bis vor Kurzem eher theoretisch zur Kenntnis genommen haben. Die zunehmenden Wetterextreme auch im eigenen Land rütteln auf. Der Klimawandel hat ökologische, soziale und wirtschaftliche Folgen. Wie wir als Bürger alle für die langfristigen Konsequenzen unseres Handelns verantwortlich sind, zeichnen wir auch für die Folgen unseres Unterlassens verantwortlich, für das, was wir zum Schaden zukünftiger Generationen nicht tun oder sogar verhindern. Mit allen persönlichen und politischen Entscheidungen müssen wir unserer Verantwortung für die Schöpfung, das heißt für den Schutz der natürlichen Lebensgrundlagen gerecht werden – und dies in der Ausgestaltung unserer Lebensräume auf individueller, nationaler sowie weltweiter Ebene. Im Umweltschutz sind dahingehend in den vergangenen Jahrzehnten bereits eindrucksvolle Ergebnisse erreicht worden. Unsere Gewässer sind weitgehend sauber, in den Industriegebieten die Dunstglocken verschwunden. Jetzt geht es um einen neuen Qualitätssprung. Unser Bundespräsident Horst Köhler hat dies in seiner Berliner Rede vom 24.03.2009 eindringlich dargestellt: »Wir brauchen eine neue Balance zwischen unseren Wünschen und dem, was der Planet bereit ist zu geben. (…) Es geht um ein Wohlstandsmodell, das Gerechtigkeit überall möglich macht. Wir wollen gemeinsam beschließen, nicht mehr auf Kosten anderer zu leben. (…) Nehmen wir uns deshalb die nächste industrielle Revolution bewusst vor: Diesmal die ökologische industrielle Revolution. Dafür gute Voraussetzungen zu schaffen, verlangt ein intelligentes Zusammenwirken von Markt und Staat.« Der Bundespräsident betont dabei, dass gerade wir Deutsche auch ökonomisch darin eine besondere Chance wahrnehmen können. »Wir sind schon jetzt weltweit führend in Umweltwirtschaft und Umwelttechnik. Fast zwei

Millionen Menschen arbeiten da schon, Tendenz steigend.«
Mit Verweis auf die Arbeit von Ernst Ulrich von Weizsäcker,
Amory B. Lovins und L. Hunter Lovins, die schon vor Jahren
das Konzept von »Faktor 4« beschrieben haben, benennt er
eine neue Zielvorgabe: »Das bedeutet die Verdoppelung des
Wohlstands bei halbem Naturverbrauch. Machen wir uns
klar, welch ein Quantensprung bei Energie- und Ressourcen-
produktivität möglich ist.«

Nutzen und loslassen –
der Weg zum souveränen Lebensstil

Welche Vorstellungen haben wir von einem guten Leben? Ein bequemes Leben im Wohlstand? Ja, schon, aber immer mehr Menschen spüren offensichtlich, dass dies aufs Ganze gesehen nicht ausreicht, sie nicht zufrieden macht, ihrem Leben keinen Sinn gibt. Immer mehr Menschen sind, so belegen alle einschlägigen Untersuchungen und Umfragen, auf der Suche nach mehr Orientierung für ihr Dasein. Sie haben zunehmend Schwierigkeiten, sich in dieser komplizierten und rasch verändernden Welt zurechtzufinden und angesichts der zahllosen Möglichkeiten und Angebote ihr Leben selbstbestimmt zu gestalten. Dabei ist der Anspruch auf ein selbstbestimmtes Leben eine allumfassende Grundforderung unserer Zeit. Im Gegensatz zur älteren Generation oder gar den Vorfahren wollen wir kritische und mündige Bürger sein und pochen schon früh auf unser Recht der freien Selbstbestimmung – gegenüber der Familie, dem Staat, der Umwelt und vieles mehr. Wir wollen uns frei entfalten, uns keinen Zwängen und lästigen Verpflichtungen aussetzen und doch spüren wir oft genug, wie schwer es ist, ein wirklich unabhängiges Leben zu führen.

Geboren 1940 auf einem Bauernhof, bin ich in einer geschlossenen bäuerlich-katholischen Welt aufgewachsen. In diesem Umfeld galten klare Regeln. Jeder wusste im Grunde, was richtig und falsch ist – und als Heranwachsende haben wir uns oftmals daran gerieben, aber auch daran orientiert. Das schloss nicht aus, dass wir es als eine Befreiung, ja als humanen Fortschritt empfunden haben, als durch die tief greifenden gesellschaftlichen Veränderungen in den 1960er- und 1970er-Jahren nicht nur dieses traditionelle bäuerliche Milieu aufbrach, sondern auch unsere Gesellschaft generell sozial durchlässiger wurde. Wir waren froh über die Entwicklung, dass man auch auf dem Land allmählich so leben konnte, wie man wollte, und sich nicht länger nach starren Konventionen richten musste.

Wer sich heute in der Welt etwas umschaut, muss zu dem Ergebnis kommen, dass wir zu einer privilegierten Minderheit in der Weltbevölkerung zählen, die sich nicht mehr täglich Sorgen machen muss, wovon man morgen und übermorgen leben kann. Wir sind, wie es Jean Fourastié, ein französischer Soziologe und Zukunftsforscher, schon in den 1960er-Jahren in seinem Buch *Die 40 000 Stunden* formulierte, die erste Generation in der Menschheitsgeschichte, in der auch der »Normalbürger« Lebenskonditionen erreichen kann, die früher nur wenigen Privilegierten vorbehalten waren. Die materiellen und gesellschaftlichen Voraussetzungen ermöglichen ihm ein Dasein, das nicht mehr ausschließlich vom Kampf ums Überleben geprägt ist, und versetzen ihn in die Lage, seine Kraft, Zeit und Ressourcen dahingehend einzusetzen, sich auch andere Dimensionen des Menschseins zu erschließen. Was also öffnet uns den Weg zu einer souveränen Lebensführung? Wie frei und unabhängig, wie selbstbestimmt und urteilsfähig sind wir? Der Arzt und Autor Joachim Bodamer beschreibt in meinen Augen den Schlüssel zu einer souveränen Lebensführung in einem einfachen Satz: »Frei ist der Mensch, der es schafft, seinem Genussstreben und seinem Leistungsstreben selbst Grenzen zu setzen.« Damit ist nicht die Parole ausgegeben, zu einfachem Leben zurückzukehren und sich von der modernen Welt abzuwenden. Der Zugang zu einem bewussten Lebensstil liegt darin, dass wir uns der Frage stellen, was uns wirklich wichtig ist, was für unser Leben und unsere innere Zufriedenheit entscheidend ist. Was bereichert mein Leben abgesehen von materiellen Gütern? Um dieser Sache nachzugehen, kann uns auch durchaus helfen, darüber nachzudenken, was uns an Menschen beeindruckt, die wir als souveräne Persönlichkeiten wahrnehmen. Ziel eines souveränen Lebensstils ist es jedenfalls, die Fähigkeit zu besitzen, all die Möglichkeiten unserer Zeit zu nutzen, soweit sie uns sinnvoll erscheinen, aber ebenso in der Lage zu sein, davon nicht abhängig zu werden und gegebenenfalls auch wieder loslassen zu können. Nutzen und loslassen – in dieser Verbindung liegt die Freiheit der inneren Unabhängigkeit. Und das ist die Freiheit, die Joachim Bodamer meint.

Was die Abhängigkeiten, die uns begrenzen, anbelangt, so können diese vielfältiger Natur sein. Lechzen die einen nach sozialer Anerkennung oder beugen sich dem Gruppenzwang, jagen die anderen Statussymbolen des Wohlstands hinterher. Welche Macht diese haben, kann man am schmerzlichsten und eindrucksvollsten in den Schulen erfahren. Dort werden Kinder, die sich bestimmte Markenkleidungen nicht leisten können, oftmals grausam diskriminiert oder fühlen sich ausgegrenzt. Auch kann die Angst, etwas zu versäumen, wenn man bei einer Unternehmung nicht dabei ist oder irgendetwas nicht erwirkt, den Einzelnen unter großen Druck setzen, ihn abhängig machen. Fest steht, dass sich vor allem zwei Programme der Vergangenheit als großer Irrtum erwiesen haben: die Hoffnung, über immer mehr Wohlstand und materiellen Reichtum zu einem sogenannten guten Leben, zu einem zufriedenen und glücklichen Leben zu kommen. Der andere große Irrtum lag in der Leitidee der Selbstverwirklichung, die einseitig als Befreiung aus Bindungen und Verpflichtungen verstanden wurde und der Entkoppelung von Freiheit und Verantwortung Vorschub leistete. Denn es ist falsch zu glauben, dass man völlig unabhängig und frei seine gesteckten Ziele verfolgen muss, um sich selbst zu verwirklichen und Erfüllung zu finden. Menschliches Leben ist Leben in Gemeinschaft. Das müssen wir wieder neu akzeptieren lernen. »Ohne Abhängigkeit ist kein gemeinschaftliches Leben und kein erfülltes Leben möglich. Negativ ist nicht das Abhängigsein an sich. Negativ ist Abhängigkeit nur dann, wenn wir uns (als Erwachsene) nicht frei dafür entschieden haben oder das Abhängigkeitsverhältnis einseitig ist, sodass wir uns, sofern gewünscht, nicht aus ihm lösen können« (Lothar J. Seiwert, *Life-Leadership*).

Jeder Mensch ist selbst dafür verantwortlich, was er aus seiner Situation macht. »Seine Lebensaufgabe aber besteht darin, sich diesen Vorgegebenheiten gegenüber so frei wie möglich zu verhalten und sich selbst immer wieder neu zu prägen. Mensch sein ist Herausforderung zur Menschwerdung«, behauptet Uwe Böschemeyer in *Vom Typ zum Original* und besagt damit, dass ein souveräner Lebensstil in unserer Welt des Überangebots nur dann gelingen kann, wenn wir unsere jeweilige Situation annehmen und aktiv gestalten. Zu viele Menschen hadern mit ihrer Lebenssituation, ihrer Lebenskonstellation, die ihren Träumen nicht entspricht – und sie lähmen sich durch Selbstmitleid.

Nur wenn wir uns solchen Wahrheiten stellen, haben wir die Chance, die Fremdsteuerung, die sich uns in Form von Erwartungen anderer und Zwänge von außen bemächtigt, zu überwinden. Dann können wir auch einen Weg dahin finden, dass unser Leben nicht nur durch viele Aktivitäten ge-füllt ist, sondern mit Sinn er-füllt ist. Gerade in der jungen Generation wachsen heute die Sehnsucht und der Wille, sich über das Materielle hinaus wieder Werte für das eigene Leben zu erschließen. Diese Entwicklung kommt nicht von ungefähr. Sie ist Folge des Leidensdrucks, der sich aus der Unzufriedenheit und der Enttäuschung darüber, dass Botschaften, welche einst ein gutes Leben versprachen, sich als irreführend herausstellen, ergibt. So sind die Voraussetzungen für eine Veränderung der Lebensvorstellungen günstig, die uns auch helfen kann, die großen Aufgaben der kommenden Jahrzehnte zu meistern.

Der renommierte Zukunftswissenschaftler Horst W. Opaschowski untersucht seit Jahrzehnten die innere Entwicklung in unserer Gesellschaft und stellt in seinen Publikationen Prognosen über Entwicklungen auf, die eine erstaunliche Treffsicherheit haben. Seinen Forschungen zufolge entwickelt sich seit Mitte der 1990er-Jahre in der westlichen Welt ein Einstellungswandel, bei dem das eigene Wohlbefinden wichtiger wird als die materielle Wohlstandssteigerung. Zugleich wird die individuelle Bedeutung der Lebensqualität wieder entdeckt. Diese zählt zu den höchsten Werten einer modernen Gesellschaft. Anders als in der Wiederaufbauphase nach dem Zweiten Weltkrieg, in der es in erster Linie um die Schaffung materieller Werte und die Erhöhung von Güterproduktionen ging, steht heute die Suche nach höherer Lebenszufriedenheit und mehr individuellem Wohlbefinden im Mittelpunkt, flankiert von neuen Werthaltungen, Bedürfnissen, Ansprüchen und Dienstleistungen, aber auch von weniger Verunsicherung, Ängsten und Sorgen.

Die Ergebnisse der Shell-Jugendstudie 2006 bestätigen eine solche Entwicklung. So ist die Bedeutung der Familie gegenüber der Untersuchung im Jahr 2002 merklich gewachsen. Die Jugendlichen erleben sie als Schutzraum, 90 Prozent geben an, mit ihren Eltern gut auszukommen. Respekt empfinden sie auch gegenüber den Großeltern und deren Lebensleistung. 72 Prozent der Jugendlichen glauben, nur in einer eigenen Familie wirklich glücklich werden zu können. Zwei Drittel der jungen Frauen und 57 Prozent der jungen Männer wünschen sich Kinder, schieben aber das Kinderkriegen immer häufiger auf, weil sie meinen, zu vielen Anforderungen auf einmal gerecht werden zu müssen. Auch andere Ergebnisse der Shell-Jugendstudie 2006 stehen im Gegensatz zu dem, was landläufig als typische Haltung der Jugend gilt: Im Vergleich zur Studie von

2002 ist der Wert von sogenannten Sekundärtugenden wie Fleiß und Ehrgeiz weiter im Aufwind. Auch das Streben nach einem gesundheitsbewussten Leben hat bei Jugendlichen zugenommen. Dieser Trend wird wie die Wertschätzung von Sekundärtugenden insbesondere durch die weibliche Jugend gesetzt. Mädchen und junge Frauen sind insgesamt auch 2006, wie bereits 2002, das wertebewusstere Geschlecht. Verschiedene andere Untersuchungen belegen zudem, dass vermehrt »sozialer Wohlstand« gesucht wird, sozialer Wohlstand im Sinne gehobener Qualitäten im Zusammenleben.

All diese Studien weisen somit eindeutig darauf hin: Lebensqualität wird immer weniger mit Lebensstandard gleichgesetzt, wobei natürlich gesicherte materielle Lebensverhältnisse als Grundlage unterstellt werden. In diesem Punkt wird man immer wieder verdeutlichen müssen, dass angesichts weltweiter Konkurrenz und fundamentaler Umwälzungen dieser materielle Wohlstand keine Selbstverständlichkeit ist, sondern immer wieder aufs Neue erarbeitet werden muss. Ohne diese Einsicht könnte sich sonst eine falsch geleitete »soziale Behaglichkeit« breitmachen, aus der es nur ein bitteres Erwachen geben würde. Wenn es in Zukunft nicht gelingt, die Erhaltung des materiellen Lebensstandards genauso zu gewährleisten wie die soziale Lebensqualität der Menschen, ist die Grundgeborgenheit großer Teile der Bevölkerung gefährdet. Geborgenheit wird fortan ein ebenso hohes Gut wie Freiheit sein – von der Kindheit bis ins hohe Alter. Immer mehr Menschen sind in Krisenzeiten auf Vorsorge und Versorgung, auf Fürsorge und Betreuung angewiesen. Nach den Ermittlungen der Stiftung für Zukunftsfragen halten 92 Prozent der Bevölkerung über alle Lebensalter hinweg soziale Betreuungsleistungen für persönlich wichtig. Die überwiegende Mehrheit hat inzwischen auch erkannt, dass im Alter Armut und Sozialhilfe drohen, wenn nicht frühzeitig sozialpolitisch vorgesorgt wird. In dieser Sehnsucht nach Geborgenheit jedoch steckt, politisch gesehen, die Gefahr einer Überforderung der Kommunen, Wohlfahrtsverbände und des Staats. Anders ausgedrückt, die aktuellen Vorstellungen für ein modernes Leben bewirken, dass die Bedeutung der Gemeinschaft und der sozialen Netzwerke, insbesondere aber die Erwartungen an die Politik als Problemlöser drastisch steigen. Verstärkt wird dieses Phänomen durch die veränderten Sozialstrukturen aufgrund der demografischen Entwicklung. Die Bevölkerung wünscht sich von einer zukunftsfähigen Politik mehr Vorsorge und eine aktive Unterstützung bei gemeinnützigen Tätigkeiten und sozialen Engagements der Bürger selbst. Über zwei Drittel der Bevölkerung (70 Prozent) fordern besondere Priorität in der Kommunalpolitik, das heißt mehr Durchschlagskraft in der Politik, die den unmittelbaren Lebensraum gestaltet. Konkret wollen die Bürger, dass beispielsweise freiwillige Nachbarschaftshilfen durch Helferbörsen in Wohnquartieren vorrangig gefördert werden. Sie wollen sich gegenseitig mehr helfen – wenn man sie nur lässt und dabei infrastrukturell unterstützt.

Diese Botschaften müssen aufgenommen werden – damit meine ich die modifizierten Wertvorstellungen und Sehnsüchte der Menschen ebenso wie die Gefahr einseitiger Erwartungen an die Politik. Letztere ist nun gefordert, diese neuen Entwicklungen in ihrem Tagesgeschäft zu berücksichtigen und als Handlungsimpulse zu verstehen. Doch muss sich jeder von uns bewusst sein: Gemeinschaft, Unterstützung und Geborgenheit in kleinen Lebenskreisen – von der Familie über die Nachbarschaft bis zu den Strukturen neuer sozialer Netzwerke – kann ich nur erwarten und erfahren, wenn ich mich selbst einbringe. Daher gehört zur Antwort auf die Frage »Wie wollen wir morgen leben?« auch das verstärkte Engagement des Einzelnen für all das, was er sich von der Gemeinschaft, den anderen erhofft. Denn menschliche Nähe kann nicht politisch und staatlich organisiert werden.

Ein Prüfstein ganz anderer Natur für einen selbstbewussten souveränen Lebensstil stellt der vernünftige Umgang mit der digitalisierten Lebenswelt, das unüberschaubare Angebot im Internet dar. Ich möchte diese Problematik als eigenen Punkt ansprechen, da uns die moderne virtuelle Welt noch gravierender als das Wohlstandsstreben vergangener Tage zu fordern und unser Zusammenleben zu bestimmen scheint. Die Technik der Digitalisierung, insbesondere das Internet mit seiner Durchdringung der gesamten Arbeits- und Freizeitwelt, bewirkt eine schleichende, aber massive innere Veränderung unserer Gesellschaft. Positive und negative Auswirkungen stehen nebeneinander.

Auf der einen Seite hat das Internet – mehr als es politische Entscheidungen je ermöglicht hätten – Menschen in allen Regionen der Erde Zugang zum Wissen unserer Zeit eröffnet und damit die Chance zur Teilhabe an gesellschaftlichen und politischen Prozessen auch auf internationaler Ebene. Das ist ein Treibsatz, den Diktaturen und Pseudodemokratien in aller Welt als Bedrohung empfinden, wie im Sommer 2009 am Beispiel Iran eindrucksvoll zu beobachten war. Die Informationstechnologie, Internet und Handy, ist zweifelsohne die wirksamste und wichtigste Errungenschaft seit der Erfindung des Buchdrucks. Auf der anderen Seite ist die Geschwindigkeit der Veränderungen in der digitalen Welt beispiellos und überfordert die menschliche Anpassungsfähigkeit immer mehr. Wie geht man sinnvoll mit dem Überfluss an Informationen und mit der Gefährdung der Privatsphäre und der Menschenwürde durch die elektronische Informationswelt um? Das ist nicht mehr nur eine individuelle, sondern auch eine gesellschaftlich-politische Aufgabe. Die immer umfassendere Speicherung von Daten, von den Kundenkarten in den Geschäften angefangen bis hin zur Chipkarte des »gläsernen Patienten« im Gesundheitswesen, greift massiv in das Privatleben des Einzelnen ein. Die gesellschaftlichen Spannungen, die sich aus dem Dilemma zwischen Wahrung der Privatsphäre durch Datenschutz und den Forderungen einer umfassenden Sicherheitspolitik ergeben, sind allgegenwärtig. Auch die massive Beeinflussung unserer Kinder durch die Digitalisierung der Lebenswelt ist mittlerweile mehr als offensichtlich. Ich verweise hier nur auf den stundenlangen Fernsehkonsum, die Verlagerung der direkten menschlichen Kontakte und Beziehungen auf die Kommunikation über das Internet, die Auswirkungen von Gewaltdarstellungen. Wie schwer wir uns mit Begrenzungen, die dem Schutz der Kinder, der Menschenwürde und der Entwicklung der jungen Generation dienen, tun, zeigen exemplarisch die mühsame Auseinandersetzung um das Verbot der Darstellung von Kinderpornografie im Internet und die regelmäßig aufflammenden und doch im Kern heuchlerischen Diskussionen nach Gewaltausbrüchen in Schulen. Die Aufregung nach einer solchen Katastrophe ist stets groß, der Ruf nach Verboten sofort laut, die Forderung nach Überwachung allgegenwärtig und der politische Aktionismus dementsprechend auffallend. Aber warum ignoriert man dann die Wirkung von Gewaltdarstellungen im Fernsehen, auf Videos, im Internet auf die Entwicklung und das Verhalten von Kindern und Jugendlichen derart beharrlich? Die Wahrheit ist: Im Namen der Freiheit sind wir unfähig zu einer wirksamen Selbstbegrenzung!

Doch damit nicht genug. Nicht minder problematisch ist es, wenn Kinder und Jugendliche in grenzenloser Arglosigkeit ihr Seelenleben in Bloggs ausbreiten. Das, was man früher einem streng gehüteten Tagebuch anvertraute, wird nun zur Sache allgemeinen Interesses erklärt. Welche Folgen diese Selbstdarstellung langfristig für die Zukunft der Jugendlichen hat, können sie nicht absehen. Die Daten sind für jedermann zu jeder Zeit zugänglich und werden mit Sicherheit nicht immer zugunsten des Einzelnen verwendet. Ebenso bedenklich sind die Auswüchse, die durch die Anonymität des Nutzers ihre

Blüten treiben. Es ist keine Seltenheit mehr, dass das Netz für private Rachefeldzüge genutzt wird, in denen der ungeliebte Nachbar öffentlich diffamiert oder der lästige Lehrer respektlos verleumdet wird. Ohne Anspruch auf Qualität und sorgfältige Recherche und Seriosität breitet sich auch ein sogenannter »Bürgerjournalismus« aus, in dem Informationen kundgetan werden, die im seriös betriebenen Journalismus als klare Fehlinformationen gelten. Welcher User ist noch hier in der Lage, die Spreu vom Weizen zu trennen, die Wahrheit aus der Flut der Informationen herauszufiltern?

In kaum einem anderen Lebensbereich liegen Segen und Fluch so eng beieinander wie in der Welt des Internets. Deshalb ist eine der wichtigsten Aufgaben, dass wir uns mit diesem Spannungsfeld zwischen Nutzen und Last, Freiheit und notwendigem Schutz, konstruktiv auseinandersetzen und uns dabei auch durchringen, die Menschenwürde und insbesondere den Schutz der Kinder wirksam zu vertreten. Dafür gibt es keine Patentlösung, das ist Neuland, das gestaltet werden muss.

Teil 4

Wege zu einer zukunftsfähigen Kultur

Das Leitbild
»Solidarische Leistungsgesellschaft«

Entweder wirtschaftlich kompetent und erfolgreich oder sozial – in unserer Gesellschaft und Politik herrscht noch weithin dieses schubladenartige, dualistische Denken. Und dies trotz jahrzehntelanger Sozialer Marktwirtschaft, die in ihrem Wesen gerade diesen Dualismus überwunden hat und eine Synthese aus beiden Komponenten darstellt.

Der internationale Konkurrenzdruck hat für viele den sozialen Aspekt in den Hintergrund gedrängt. Natürlich ist richtig, dass man sich auch im Sozialstaat nur ökonomisch leisten kann, was auch erarbeitet wird. Doch der Bankrott des »Turbokapitalismus« und die wachsende Instabilität in den Gesellschaften weltweit erfordern zwingend die Entwicklung von Konzepten, die im Geiste der Sozialen Marktwirtschaft wieder eine Einheit von wirtschaftlichem und sozialem Denken bewirken. Der Wahlkampf zur Bundestagswahl 2009 hat überdeutlich gezeigt, wie sehr die Bürgerinnen und Bürger gerade in schwierigen Zeiten und im Wissen, dass es wie bisher einfach nicht weitergehen kann, auf einen tragfähigen Zukunftsentwurf warten. Er hat offenbart, wie skeptisch, distanziert, ja enttäuscht sie angesichts einer pragmatischen Reparaturpolitik oder Klientelpolitik ohne sichtbares Gesamtkonzept reagieren.

Was also braucht ein solches politisches Programm, auf welche Erfordernisse muss es eine Antwort geben? Oder anders gefragt: Wie sollen und können Leistung *und* Gerechtigkeit, dynamische Entwicklung *und* innere Stabilität miteinander verbunden werden? Um es kurz zu machen: Mein Leitbild ist das Konzept der »Solidarischen Leistungsgesellschaft«.

»Leistung, Leistungsgesellschaft, das sind doch keine populären Begriffe, dem Inhalt kann man nur zustimmen, aber man müsste doch eingängigere Begriffe suchen«, wurde mir entgegengehalten, als ich das Konzept und den Leitbegriff erstmals in einem Kreis sehr bekannter und anerkannter Persönlichkeiten vorstellte. Ja, für viele ist Leistung mittlerweile mit Ellenbogeneinsatz, sozialer Kälte oder Überforderung verbunden. Nicht wenige glauben, dass eine Welt ohne Leistungsanforderung menschlicher und angenehmer wäre. Sie wollen gewissermaßen mit »Wellness-Mentalität« in die Zukunft wandern. Und für andere wiederum ist »Solidarität« ein »linker« Begriff – hier wird die Angst vor der schleichenden »Sozialdemokratisierung der Unionsparteien« spürbar.

All dem möchte ich widersprechen. Die Formulierung »Leistungsgesellschaft« soll unmissverständlich zum Ausdruck bringen, dass wir nur mit außerordentlicher Leistungsbereitschaft und mit Spitzenleistungen im internationalen Vergleich bestehen können und zugleich die Chance wahren, einen drastischen Abstieg des Landes zu verhindern und die enormen Aufgaben unserer Zeit zu meistern. Die Qualität der Leistungsstarken bestimmt nun mal die Qualität und damit auch den Rang unseres Landes, von dem wiederum die Zukunftschancen seiner Menschen abhängen. Das gilt für alle Lebensbereiche. Der Begriff »solidarisch« zielt auf die Humanität unserer Gesellschaft ab. In ihm spiegelt sich die Notwendigkeit eines menschlichen Umgangs unserer Bürgerinnen und Bürger mit den Schwachen unter ihnen. In ihm verbirgt sich die Bereitschaft der Starken, die Lebenssituation der Schwächeren nicht zu ignorieren und sie menschenwürdig zu gestalten. Leistungsfähiger und menschlicher – das also soll Ziel und Aufgabe sein. Dafür gilt es, eine neue Leistungskultur und eine neu belebte Sozialkultur zu schaffen. Leistungskultur bedeutet dabei mehr als Leistungsfähigkeit auf einem Spezialgebiet und ist mit der Bereitschaft des Einzelnen, Verantwortung zu übernehmen, eng verbunden. Sozialkultur wiederum bedeutet mehr als organisierter Sozialstaat. Sie beinhaltet das Engagement des Einzelnen zum Wohle der Gemeinschaft, in der er lebt. Leistungskultur und Sozialkultur, Leistungsbereitschaft und Solidarität sind keine unversöhnbaren Gegensätze, sie stehen vielmehr in Wechselbeziehung zueinander. So leben bereits viele Menschen, die große Leistungsbereitschaft zeigen und auch beträchtliche Leistungen in ihrem jeweiligen Aufgabenbereich vorweisen können, eine intensive soziale Verantwortung. Sie sollen als Vorbilder einer zukünftigen Solidarischen Leistungsgesellschaft dienen. Denn es ist ebendiese, welche gewissermaßen unser gemeinsames Haus bildet und unsere gemeinsame Lebenswelt bestimmt.

Lassen Sie mich deshalb das Haus in aller Kürze skizzieren: Sein Fundament sind unsere Werte. Sie prägen unser Verhalten, sie befähigen uns zum geordneten Zusammenleben und zum gemeinsamen Handeln. Der innere Kern dieser Wertewelt stellt unser Menschenbild dar, entsprechend der Formulierung unseres Grundgesetzes »Die Würde des Menschen ist unantastbar«. Diese grundlegenden Werte manifestieren sich in einer gelebten Kultur der Verantwortung, die den Anspruch auf Freiheit und Selbstbestimmung mit der Bereitschaft zur Übernahme von Verantwortung verbindet. Deshalb lauten die vier tragenden Säulen unseres Hauses wie folgt: Verantwortung übernehmen für sich selbst, für die Mitmenschen, für unser Gemeinwesen und für die Nachkommen. Die Struktur des Hauses, sozusagen die Aufteilung der einzelnen Lebensbereiche und der zugehörigen Verantwortlichkeiten erfolgt nach einem klaren, transparenten Prinzip: dem Subsidiaritätsprinzip. Die Hausordnung, welche die Verteilung der Aufgaben innerhalb der Lebensbereiche regelt, folgt der inneren Ordnung der »Aktiven Bürgergesellschaft« als Verantwortungsgemeinschaft von Bürger und Staat.

Zugegeben, diese Form des Zusammenlebens nach dem Prinzip Vielfalt und Einheit, Eigenverantwortung und Solidarität, verheißt kein Paradies und kein konfliktfreies Miteinander, aber sie schafft eine Lebensgemeinschaft, die so strukturiert ist, dass das Ziel, leistungsfähiger und menschlicher zu sein, verwirklicht werden kann. Wie der umrissene Bauplan im Detail zu verstehen ist beziehungsweise welche Inhalte sich hinter den genannten Schlagwörtern verbergen, soll nun in den folgenden Kapiteln dargelegt werden.

»Die Würde des Menschen ist unantastbar«

Welche Bedeutung hat diese zentrale Aussage unseres Grundgesetzes für uns, unseren Alltag, für unser Zusammenleben und unsere Zukunft? Sind wir uns bewusst, dass dieser Satz der innerste Kern unserer Werteordnung ist, der Dreh- und Angelpunkt unseres Rechtswesens, der Halt der gesamten Verfassung?

Diese Festlegung im Grundgesetz ist unumstößlich, sie ist durch keine Mehrheit veränderbar. Die Väter und Mütter unseres Grundgesetzes setzten diesen Ankerpunkt für das neue Gemeinwesen Bundesrepublik Deutschland aus der Erkenntnis heraus, dass die Quelle für den menschenverachtenden Nationalsozialismus, den Rassenwahn, die Euthanasie, die Tötung von Menschen mit Behinderung, den Terror gegen Andersdenkende, das Menschenbild der Nationalsozialisten war. Diese lösten es damals von einem transzendenten Bezug zu einer göttlichen Instanz los und machten das Ideal der »Herrenrasse« und damit sich selbst zum Maßstab, was zur Folge hatte, dass es zwangsläufig auch »Untermenschen« geben musste. Um einem solchen Wahnsinn künftig vorzubeugen, stellte man nach dem Zweiten Weltkrieg die Weichen im Grundgesetz so, dass das neue Gemeinwesen der Verantwortung vor Gott und dem einzelnen Menschen Rechnung trägt.

Die Würde des Menschen gerät immer dann in Gefahr, wenn sie einer Ideologie untergeordnet, das heißt, der Mensch für irgendwelche angeblich höheren Werte verzweckt wird. Leider erfahren wir dies weltweit immer wieder. Damit wir aber erst gar nicht in Versuchung kommen, stets aufs Neue aufkommenden Gefährdungen zu erliegen, müssen wir den Geist der Formulierung im Grundgesetz lebendig halten, uns immer wieder mit der Substanz der Aussage und der zeitgeschichtlichen Interpretation auseinandersetzen. Denn die Unantastbarkeit der Würde des Menschen ist von zentraler Bedeutung für eine humane Zukunft – und ein markantes Beispiel für die epochale Aussage des früheren Bundesverfassungsrichters Wolfgang Böckenförde, wonach der Staat von Grundlagen lebt, die er selbst nicht schaffen kann.

Wer glaubt, die Würde des Menschen ist das Ergebnis einer politischen Mehrheitsentscheidung, täuscht sich. Sie ist das Ergebnis eines langen kulturellen Prozesses mit vielen schmerzlichen geistigen Auseinandersetzungen. Die Grundlage des Menschenbilds, das in der Unantastbarkeit der Würde beschrieben wird, ist im Christentum mit seinen jüdischen Wurzeln zu suchen. In ihr steckt die Botschaft des christlichen Glaubens, dass der Mensch Ebenbild Gottes ist und ihm daraus eine besondere Würde erwächst. In der aktuellen Debatte, worin der spezifische Beitrag der Christen zu den Themen unserer heutigen Zeit besteht, ist deshalb dieses Menschenbild der christlich-europäischen Wertetradition der wichtigste. Allerdings kann die Teilhabe der Christen an der Auseinandersetzung nur dann glaubwürdig gelingen, wenn in der Gesellschaft Grundvoraussetzungen wie Gewissensfreiheit und Religionsfreiheit anerkannt, ja noch mehr, aktiv gelebt und unterstützt werden – und zwar innerhalb der christlichen Religionsgemeinschaft wie auch innerhalb der Bedingungen einer offenen Gesellschaft, welche die Trennung von Religion und Staat fordert.

Dem christlichen Menschenbild und dem Maßstab des Grundgesetzes zufolge, besitzt jeder Mensch diese unveräußerliche Würde allein deshalb, weil er Mensch ist und jeder Mensch einmalig ist. Das bedeutet, er muss sie nicht wie eine Staatsbürgerschaft erwerben und durch Wohlverhalten verdienen. Darin gründet auch der Anspruch aller Menschen auf die gleichen Freiheiten und Rechte sowie auf Gleichheit vor dem Gesetz, unabhängig von Herkunft, Sprache, Hautfarbe, Geschlecht oder Religion, unabhängig von körperlichen oder geistigen Stärken und Schwächen. Zugegeben, es kann zur Herausforderung für unser Empfinden werden, wenn es bei Personen, die sich Schwerwiegendes zuschulden haben kommen lassen, um die Wahrung deren Menschenwürde geht – wenn ein vielleicht lebensrettendes Geständnis nicht mit Gewaltanwendung erzwungen werden darf und wir innerlich in großem Aufruhr sind. Doch das Recht auf Achtung seiner Würde kann auch dem Straftäter nicht abgesprochen werden, bekräftigt das Bundesverfassungsgericht, »mag er sich in noch so schwerer und unerträglicher Weise gegen alles vergangen haben, was die Wertordnung der Verfassung unter ihren Schutz stellt«. Das Menschenbild des Grundgesetzes steht somit für den notwendigen Respekt der Menschen voreinander, gegen die Anwendung von Gewalt im Zusammenleben, gegen eine Reduzierung des Menschen auf seine Nützlichkeit, für freie Entfaltung seiner vielfältigen Solidaritätspotenziale. Es steht für den Schutz des Lebens in seinen vielfältigen Erscheinungsformen, für die Bewahrung der Menschenwürde auch in Grenzsituationen des Lebens – gleichgültig, ob es sich um eine Behinderung, schwere Erkrankung, das Leben vor der Geburt oder die Situation des Sterbens handelt. Es steht für Vergebung und Barmherzigkeit, weil der Mensch auch in seiner Fehlerhaftigkeit und als ein Wesen mit begrenzten Fähigkeiten zu akzeptieren ist. An der Wirkkraft dieser Botschaft im privaten, wirtschaftlichen, rechts- und sozialstaatlichen und gesamtgesellschaftlichen Leben entscheidet sich, ob unsere Zukunft das Attribut »human« verdient.

Bei einem Gespräch, das ich jüngst mit Schulvertretern über die wachsenden Probleme durch das Verhalten der Kinder und Jugendlichen im Schulraum und über die notwendigen

Konsequenzen führte, brachte eine Lehrerin das Problem auf den Punkt: »Was immer mehr fehlt, ist der Respekt und die Rücksichtnahme gegenüber dem anderen. Die Situation würde sich grundsätzlich ändern, wenn Respekt und daraus gewachsene Regeln des Anstands und des Verhaltens wieder allgemeine Geltung hätten.« Was die Lehrerin damit im Grunde beklagte, ist ein Zustand, der mit der Achtung der Menschenwürde zu tun hat. Denn Respekt ist die Alltagswährung des grundgesetzlich verankerten Menschenbildes. Damit möchte ich nicht das Verhalten der Kinder an den Pranger stellen. Sie spiegeln nur die Entwicklung in der Gesellschaft wider. Kinder leben, was sie in ihrem Umfeld erleben. Auch wenn nicht alles, was einen Menschen schmerzt oder auch einmal demütigt, gleich eine Verletzung seiner Würde ist, die mit dem Grundgesetz beantwortet werden muss, sollten wir uns davor verwahren, dass der Anspruch auf Menschenwürde im Alltag banalisiert oder gar bagatellisiert wird.

Dies gilt vor allem auch im Bereich der Medizin. Hier entwickelt sich durch die Gegebenheit besonders schwieriger Grenzsituationen des Lebens ein eminent wichtiges Aufgabenfeld, in dem die Gratwanderung zwischen möglicher Hilfe für den Bedürftigen und Manipulation des Menschen immer anspruchsvoller und schwieriger wird. Fortpflanzungsmedizin, verbrauchende Embryonenforschung und Genomforschung seien in diesem Zusammenhang beispielhaft genannt. Unverkennbar sind hier Tendenzen, dass sich der früher auf die Technik fixierte Machbarkeits- und Fortschrittsglaube auf das Feld der Biologie und der Medizin verlagert. Die Gefährdungen des Humanitätsprinzips zeigen sich exemplarisch in der Disziplin der Präimplantationsdiagnostik, die das Ziel verfolgt, befruchtete Eizellen vor deren Einpflanzung in den Mutterleib auf schwere Erbkrankheiten hin zu untersuchen und diejenigen Eizellen zu selektieren, die Anzeichen für solche Erkrankungen aufweisen. In der Eigendynamik solchen Denkens erscheint es dann geradezu selbstverständlich, dass es auch Möglichkeiten zur pränatalen Analyse des sogenannten »Wunschkindes« mit bestimmtem Aussehen und Eigenschaften gibt. Hier geht es nicht mehr um eine Selektion aufgrund von Krankheiten, sondern um ein Ausmusterungsverfahren trotz Gesundheit. Dem Manipulationseifer scheinen keine Grenzen gesetzt. So wird eine begrenzende Definition, für welche Krankheiten das Verfahren zulässig sein soll, auf Dauer kaum haltbar sein.

Bereits heute sind wir mit schwierigen Situationen konfrontiert, wenn beispielsweise während einer Schwangerschaft erkannt wird, dass das noch ungeborene Kind behindert ist. »Wie kann man ein solches Kind sich selbst und vor allem der Gesellschaft zumuten, bei all den Kosten und Belastungen, die damit verbunden sind? Ist das nicht verantwortungslos?« – so wird häufig argumentiert. Was soll man darauf antworten?! Dass wir uns bei der Unterscheidung zwischen »lebenswertem« und »nicht lebenswertem« Leben auf Glatteis bewegen, ja zwangsläufig ins Schleudern kommen müssen. Denn wenn diese Entscheidung bereits am Beginn des Lebens erfolgt, wird sie auch gegen Ende des Lebens, bei schweren Erkrankungen und damit verbundenen Belastungen Thema sein.

Zu den Entwicklungen unserer Zeit zählt das hybride Ideal äußerlicher Vollkommenheit. Zu jedem Leben gehören aber kleine Unzulänglichkeiten ebenso wie Krankheiten oder Behinderungen. Das größte Leid vieler Behinderter besteht nach eigenem Bekunden darin, dass sie in der Diskussion um genetische Tests immer wieder zu hören bekommen, dass sie angeblich leiden oder ein Leben führen müssen, das es möglichst zu verhindern gelte, jedenfalls nicht lebenswert sei. So traurig es ist, aber darin gleichen wir den Nationalsozialisten. Sie haben mit einem Film über Schwerbehinderte öffentlich Mitleid für Behinderte geweckt und damit die

Einstellung verbreitet, dass für solche Menschen der herbei-geführte Tod doch eine Erlösung sei. Der Weg zur Euthana-sie war dadurch offen.

Zum christlichen Menschenbild gehört jedoch, dass mensch-liches Leben begrenzt ist und Leiden wie Schmerz Teil des menschlichen Lebens sind. Dies sollte uns Orientierung geben im Ringen um Möglichkeiten und Grenzen möglicher Eingriffe in das Leben – zum Beispiel im zähen Kampf um Regelungen für den Schutz von Embryonen, für den Schutz ungeborener Kinder, in der Debatte um das Abtreibungsrecht und um die menschenwürdige Gestaltung der letzten Lebens-phase des Menschen, verbunden mit den schwierigen Abwä-gungen, wenn es etwa um eine Patientenverfügung und deren Wirksamkeit geht. In all diesen Situationen bieten das Men-schenbild unserer Wertetradition und das Postulat des Grundgesetzes keine pauschalen Handlungsrezepte. Vielmehr muss um Regelungen im Einzelfall gerungen werden. Fest steht nur: Die absolute Wertsetzung der Würde des Menschen ist ein unverzichtbarer und wertvoller Maßstab für die not-wendigen Sachentscheidungen.

Das christliche Menschenbild spielt aber nicht nur in solchen Grundsatzfragen eine zentrale Rolle, es durchwirkt ebenso die Ordnung unseres Zusammenlebens, unsere Gesellschaftsord-nung. Dabei geht es vom Vorrang der Eigenverantwortung aus. Für die Gestaltung der Wirtschafts- und der Sozialord-nung, für die Erziehung und das Bildungssystem bedeutet dies, dass nach diesem Verständnis der Mensch zur Freiheit, Selbstbestimmung und zur Verantwortung berufen ist. Jeder ist zunächst selbst verantwortlich, wie er seine Fähigkeiten entwickelt und einsetzt, wie er sein Leben gestaltet. Der Mensch als geistbegabtes Individuum ist nicht einfach ein Produkt seiner genetischen Anlagen und der Umweltbedin-gungen, sondern zu Freiheit und eigenverantwortlicher Lebensführung befähigt. Nur diese freiheitliche und selbstverantwortliche Einstellung zum Leben ermöglicht dem Einzelnen die Entfaltung seiner Persönlichkeit und beinhaltet eine Selbstverwirklichung, die nicht auf Kosten anderer Menschen geht, sondern auch diesen zugutekommt. Jeder trägt Verantwortung für sich und die Mitmenschen.

Dies darf nicht in Vergessenheit geraten, wenn wir uns – sei es im Interesse des anderen oder im Eigeninteresse – den spezifischen Herausforderungen unserer Zeit stellen müssen. Zu diesen zählt zweifellos die Gefahr des »gläsernen Menschen« als Folge der Entwicklung in der Informationstechnologie. Während manche Verletzungen der Menschenwürde – wie etwa in Fernsehprogrammen zum Zweck der Zuschauerunterhaltung und der Steigerung der Einschaltquoten – öffentlich noch unbeachtet bleiben, hat sich das Bundesverfassungsgericht hierzu bereits geäußert: »Mit der Menschenwürde wird es nicht zu vereinbaren sein, wenn der Staat für sich das Recht in Anspruch nehmen könnte, den Menschen zwangsweise in seiner ganzen Persönlichkeit zu registrieren und zu katalogisieren, sei es auch in der Anonymität einer statistischen Erhebung.« Vor dem Hintergrund dieser Aussage wird die Brisanz deutlich, die in den schwierigen politischen Abwägungen zwischen Datenschutz und Notwendigkeit zur Datenerfassung im Rahmen der Terrorismusbekämpfung liegt.

Doch werfen wir auch einen Blick auf die Relevanz des Menschenbilds der christlich-europäischen Wertetradition im internationalen Zusammenleben. Hier ist festzuhalten, dass es die Grundlage für die Formulierung der Menschenrechte und deren Umsetzung in den internationalen Regelungen darstellt. Dies ist nicht unumstritten. Denn hier wird unsere Norm zur Herausforderung gegenüber den Maßstäben anderer Kulturen, die eine solche absolute Wertsetzung für den einzelnen Menschen nicht kennen. Darin gründet – abgesehen von allen pragmatischen Machtansprüchen der Regierenden – der tiefere Konflikt bezüglich unterschiedlicher Auffassungen und Auslegungen von Menschenrechten, wie er sich im Umgang mit anderen Kulturkreisen, beispielsweise mit China, offenbart. In solchen Fällen muss es eine politische Diskussion geben, die eindeutig klärt, was im Hinblick auf notwendige internationale Regelungen für uns unverzichtbar ist, wo wir die andere Wertewelt akzeptieren müssen und wie wir damit umgehen.

Zusammenfassend lässt sich somit sagen: Im gegenwärtigen Ringen um neue Ordnungen als notwendige Antwort auf die Welt- und unsere inneren Krisen, ist die wache Auseinandersetzung mit dem Kern des Grundgesetzes »Die Würde des Menschen ist unantastbar« für die Kursbestimmung einer Kultur der Zukunft von entscheidender Bedeutung.

Freiheit *und* Verantwortung – für eine neue Verantwortungskultur

Verantwortung übernehmen – für sich selbst

Die Forderung nach mehr Eigenverantwortung gehört gewissermaßen zum festen Bestandteil einer jeden politischen Diskussion. Im Grundsatz lobenswert und zu Recht gestellt, hat sie mittlerweile einen faden Beigeschmack erhalten, ja sie ist regelrecht vergiftet, weil sie zu oft nur dann laut wird, wenn es um die Kürzung sozialer Leistungen geht. Dabei ist der Wert und die Notwendigkeit von Eigenverantwortung fundamental mit dem Menschenbild der christlich-europäischen Wertetradition – dem Menschenbild der (katholischen) christlichen Soziallehre und der evangelischen Sozialethik – verbunden. Die Bibel benennt den Menschen in seiner Eigenverantwortung und Luther sieht »die Freiheit des Christenmenschen« zugleich auch als Verantwortung für seine Lebensgestaltung. Jeder Mensch ist somit selbst dafür verantwortlich, was er aus seinen Veranlagungen, seinem sozialen Umfeld, seiner Zeit, seiner Umwelt, seinen allgemeinen Lebensbedingungen, kurz seiner Lebenssituation, macht.

In den letzten Jahrzehnten wurde auf dem Feld der Pädagogik verstärkt eine Form von Selbstverwirklichung propagiert, die oft primär als Befreiung aus Bindungen und Verpflichtungen verstanden wurde. Das Leitbild der antiautoritären Erziehung hat aber nicht unbedingt starke und verantwortlich lebende Menschen hervorgebracht und gefördert, im Gegenteil, die Folgen sind bis heute spürbar. So ist bei jungen Menschen in einem erschreckend hohen Ausmaß die Unfähigkeit zu einem wirklich selbstbestimmten Leben zu beobachten. Sie fühlen sich zwar frei von Regeln und Normen, befinden sich jedoch in Wirklichkeit in tiefen Abhängigkeiten von ihrer Umgebung. Ein trauriger Beleg dafür ist die rasch wachsende Überschuldung junger Menschen, die nicht mehr die Fähigkeit besitzen, ihre Wünsche mit ihren Möglichkeiten in Übereinstimmung zu bringen. Oftmals beginnt dieses Dilemma mit der unkontrollierten Nutzung eines eigenen Handys.

In der heutigen Welt, in der soziale Normen nicht mehr zwingend sind, können wir die Bereitschaft, Verantwortung zu übernehmen, nur von Menschen erwarten, die eigenständige Persönlichkeiten sind. Deshalb sollte alle Erziehung darauf ausgerichtet sein, junge Menschen zu Persönlichkeiten zu machen, die fähig sind, eigenverantwortlich zu handeln, und auch danach tätig werden. Wer die Menschen zur Übernahme von Verantwortung ermutigen will, muss vermitteln, dass es gerade diese ist, die dem Leben Sinn gibt, auch wenn es zunächst bequemer erscheinen mag, sich ihrer besser zu entledigen oder sich diese »Last« erst gar nicht aufzubürden. Dass in der Verantwortung für jemanden oder etwas das eigene Leben an Tiefe und Qualität hinzugewinnt, wird erst in den wertvollen Erfahrungen, die man durch diese Aufgabe macht, erkennbar. Wahre Erziehung bedeutet deshalb, Kinder und Jugendliche ständig dem Alter und der Lebenssituation angemessene Lernprozesse durchlaufen zu lassen, in denen sie wichtige Erfahrungen sammeln können. Auf diese Weise werden sie Schritt für Schritt an die Reife herangeführt, die sie zur Übernahme von Verantwortung befähigt. Eine große Rolle in der Persönlichkeitsentwicklung spielen dabei das Vorbild und die Beobachtung des Verhaltens anderer. Doch mehr als dies bewirkt die eigenständig gemachte Erfahrung, etwa in Form von neu entdeckten Fähigkeiten oder der Befriedigung im eigenen Tun.

Eine entsprechende Erziehung und Befähigung zur Selbstständigkeit setzt voraus, dass Eltern und Erzieher die eigene Persönlichkeit des Kindes und des Jugendlichen respektieren. Gerade verantwortungs- und erziehungsbewusste Eltern stehen oftmals vor der nicht zu verachtenden Herausforderung, das Kind nicht zur Anpassung, sondern im gegenseitigen Respekt zu erziehen und gemäß den Möglichkeiten und Grenzen seiner Entfaltung zu fördern. Wenn Erziehungsstile zur Unselbstständigkeit führen, Kinder in Abhängigkeit gehalten und ihre Begabungen und Talente missachtet werden, kann nicht erwartet werden, dass selbstständige Menschen heranwachsen, die fähig und willig sind, Verantwortung zu übernehmen.

Selbst wenn man heute, nachdem die Ideologie der antiautoritären Erziehung überwunden zu sein scheint, zumindest wieder öffentlich und allgemein akzeptiert, dass Erziehung auch bedeutet, Grenzen zu setzen, heißt das noch lange nicht, dass dies praktiziert wird. Zu gerne geht man um des Friedens willen Auseinandersetzungen aus dem Weg und vermeidet Reibungen, obwohl ohne diese eine Entfaltung verantwortungsbewusster Persönlichkeiten nicht möglich ist. Der Mensch braucht Reibungsfläche, um sich mit seinen Grenzen und letztlich sich selbst auseinanderzusetzen. Um zu wachsen und stark zu werden, braucht er einen Sparring-Partner. Fehlende Grenzen machen haltlos, sie führen zu Grenzüberschreitung und ausweichenden Verhaltensweisen. Die Fähigkeit und die Bereitschaft, entsprechend der jeweiligen Lebenssituation Verantwortung zu übernehmen, ist somit zentral für die Sinnerfahrung im eigenen Leben. Gesellschaftspolitisch gesehen, stellt die Forderung, dass Eigenverantwortung generell über dem Anspruch auf Solidarität steht, der Schlüssel für eine vitale und gerechte Gesellschaft dar.

Verantwortung übernehmen – für die Mitmenschen

Der Mensch ist ein soziales Wesen und elementar darauf angewiesen, dass sich andere Menschen ihm zuwenden. Davon hängen nicht nur im Kleinkindalter die Lebensexistenz und die Charakterprägung ab, unsere Lebensqualität ist vielmehr zeit eines ganzen Lebens davon entscheidend beeinflusst. Schließlich lebt keiner für sich allein. Wer einsam ist, aus welchem Grund auch immer, ist in einer tragischen Isolierung und Selbstfixierung gefangen. Je schwächer die sozialen Strukturen werden, umso größer ist die Gefahr der Vereinsamung. Diese droht mit der Veränderung der Altersstruktur in unserem Volk zu wachsen. Vor dem Hintergrund, dass die durchschnittliche Lebenserwartung stetig steigt, gleichzeitig aber immer weniger Kinder geboren werden, machen immer mehr ältere Menschen die Erfahrung, dass sie keine Enkel haben und es niemanden mehr in der Familie einschließlich Verwandtschaft geben wird, der ihnen im Notfall helfen kann. Unter diesen Umständen wird heute das Engagement im Gemeinschaftsleben zu einer Zukunftsinvestition, die sich mit der materiellen Altersvorsorge vergleichen lässt, und zugleich zu einer besonders wichtigen gesellschaftspolitischen Aufgabe.

In der Hinwendung zu anderen Menschen erschließen sich neue Dimensionen des Lebens – dies ist die tiefe Erkenntnis vieler Menschen, die sich, etwa im Ehrenamt, für andere Menschen und mit anderen Menschen engagieren. Auf diese Weise nehmen sie nicht nur an fremden Erfahrungs- und Wissenswelten teil, sondern entwickeln auch Fähigkeiten, derer sie ohne diese Hinwendung und dieses Engagement gar nicht gewahr geworden wären. Sie weiten ihren Horizont und können so ihr eigenes Leben besser bewerten und einordnen.

Die Grenze solchen Einsatzes sollte jedoch dort liegen, wo hilfsbereite Menschen nur ausgebeutet werden. Leider ist dies in Gemeinschaften und Organisationen immer wieder zu beobachten. Hier gebietet der Selbstschutz eine Beschränkung des Engagements. Doch grundsätzlich gilt: »Wer sich engagiert, gewinnt.« Darin sind sich alle einig, die sich in irgendeiner Weise in wohltätige und gemeinnützige Gemeinschaften und Projekte einbringen. Wer dabei über die damit verbundenen Belastungen jammert – womöglich, um nach Anerkennung zu heischen –, dem bleiben nicht nur die positiven Erfahrungen verschlossen, er wirkt vor allem auch auf jüngere Menschen, die wir für ein solches Engagement dringend brauchen, abschreckend. Das ist umso fataler, weil das Engagement für die Mitmenschen unabhängig vom eigenen, persönlichen »Nutzen« die ethische Grundlage jeder menschlichen Gemeinschaft bildet. Diese Tatsache ist im Bewusstsein der Menschen umso tiefer verankert, je mehr sie im praktischen Leben aufeinander angewiesen sind. In den noch wenig arbeitsteiligen Kulturen der Agrargesellschaft, die sich durch Formen wechselseitiger Hilfe wie der gemeinsamen Feldarbeit oder der ausgeprägten Nachbarschaftshilfe auszeichnen, ist dies bis heute der Fall. Auch in den eher traditionell geprägten Gesellschaften besitzen die Solidarität und der Zusammenhalt der Lebensgemeinschaften einen hohen Stellenwert. Doch soll dies nicht darüber hinwegtäuschen, dass dort die Sozialkontrolle und die damit verbundene Unfreiheit dementsprechend ausgeprägt sind. Es wäre deshalb falsch, solche Gesellschaftsformen zu verherrlichen und ihnen nachzutrauern.

Weil es aber in der heutigen Lebenssituation nicht mehr die zwingende Notwendigkeit zur Mitarbeit in Gemeinschaften gibt, ist es in den modernen Gesellschaften dringend erforderlich, das Bewusstsein dafür extra zu schärfen. Dies gilt besonders dort, wo der Antrieb zum Engagement nicht mehr aus gelebten Werthaltungen und persönlichen Überzeugungen entspringt. Welche kulturelle Leistung das Christentum in dieser Hinsicht erbracht hat, indem es den Gedanken der Solidargemeinschaft in unserer Gesellschaft verankert hat, bringt Heinrich Böll in folgendem Zitat zum Ausdruck: »Selbst die allerschlechteste christliche Welt würde ich der besten heidnischen vorziehen, weil es in einer christlichen Welt Raum gibt für die, denen keine heidnische Welt je Raum gab: für Krüppel und Kranke, Alte und Schwache, und mehr noch als Raum gab es für sie: Liebe für die, die in der heidnischen wie der gottlosen Welt nutzlos erschienen und erscheinen« (aus: Karlheinz Deschner, *Was halten Sie vom Christentum*).

Für wen der Wert des Lebens an sich, der Glaube an die Religion oder ethische Begründungen nicht zugänglich sind, dem lege ich nahe, das Prinzip der Gegenseitigkeit als innere Grundhaltung zu akzeptieren. Dieses besagt: Da jeder von uns auf andere, deren Zuwendung, Leistung und Engagement angewiesen ist, ist auch jeder von uns im Rahmen seiner Möglichkeiten verpflichtet, anderen Menschen mit Zuwendung, Leistung und Engagement entgegenzukommen. Das ist freilich nicht nur eine Frage des guten Willens, sondern auch des Könnens im Sinne von Befähigung. Soziales Verhalten, Teamgeist und Gemeinschaftssinn müssen als Bereitschaft zur sozialen Verantwortung eingeübt werden – in der Familie, in der außerhäuslichen Kinderbetreuung, in der Schule und im gesamten Bildungssystem.

Verantwortung übernehmen – für das Gemeinwesen

»Ich zahle meine Steuern und dafür erwarte ich entsprechende Leistungen vom Staat. Mehr kann man von mir nicht erwarten.« Das ist eine weit verbreitete Einstellung. Die Distanz zum Staat, die »Ohne-mich-Haltung«, der Rückzug ins Private – all diese Entwicklungen haben seit geraumer Zeit spürbar zugenommen. Die Ursachen sind vielfältig und sind nicht nur in Bequemlichkeit oder Egoismus zu suchen. Es sind auch die wachsende Komplexität und Anonymität in Strukturen, Zuständigkeiten und Verantwortlichkeiten, das Gefühl der Ohnmacht und der Wirkungslosigkeit eigenen Tuns, die viele dazu veranlassen, sich dem Gemeinwesen zu entfremden. Ebenso tragen die steigenden Anforderungen und mitunter Überforderungen in der Arbeitswelt sowie der gegenwärtige Trend zum allumfassend zuständigen Betreuungs- und Wohlfahrtsstaat ihren Teil zu diesem Verhalten bei. Nicht selten wird diese Einstellung auch von Politikern genährt, die verbreiten, dass Politik für alles und jeden zuständig und verantwortlich ist. Dass »damit kein Staat zu machen ist«, wird aber immer offenkundiger. Denn der Staat ist nicht nur finanziell zunehmend überfordert, er ist auch per se gar nicht in der Lage, die Qualität unseres Zusammenlebens zu gestalten, wenn nicht die Staatsangehörigen, die diesen Staat bilden, an dem Gestaltungsprozess teilnehmen. Noch weniger ist auf Dauer eine lebendige Demokratie möglich, wenn die Minderheit der engagierten Demokraten immer kleiner wird. Deshalb sage ich: Demokratie und ein vitales Gemeinwesen sind von der Einsatzbereitschaft und dem Engagement der Bürgerinnen und Bürger abhängig, sie leben davon.

Verantwortung übernehmen – für die Zukunft

Im Gegensatz zu modernen Kulturen sind traditionelle vom langfristigen Denken geprägt, gespeist aus der Verbindung mit sowie der Abhängigkeit von der Natur und der Solidarität der eigenen Sippe oder des Clans. Während die Alten Träger eines wichtigen Erfahrungswissens sind, das in aller Regel wegweisend für die Aufgaben der Zeit ist, stellen die Jungen die »Altersversicherung« der Alten dar. Bis vor wenigen Jahrzehnten sah so die Situation in unseren bäuerlichen Familien aus – um ein Beispiel aus meiner früheren Lebenswelt zu bringen. Der Hof war damals die einzige Existenzgrundlage für die Familie. Deshalb war es ein Gebot der Vernunft, ja eine Notwendigkeit, dergestalt zu wirtschaften, dass diese Existenzgrundlage erhalten blieb, also nachhaltig zu wirtschaften. Aus der Sicht des heutigen Natur- und Umweltschutzes ein zukunftsweisender Weg, aus der Sicht der damals lebenden Menschen und insbesondere an unseren heutigen Maßstäben gemessen oftmals auch eine bittere Situation. Entgegen der vielmals falschen Idealisierung der »guten alten Zeit« galt früher ein knallhartes Prinzip: Der Besitz, die Zukunft des Hofes, zählte im Konfliktfall mehr als die Situation des einzelnen Menschen. Wer nicht Hoferbe war oder in einen anderen Hof einheiraten konnte, musste ledig bleiben, konnte keine Familie gründen. Sein Schicksal sah für ihn die Rolle des Knechtes, des Dienstboten vor. Solange die äußeren Gegebenheiten so waren, galt der Besitz als gemeinsame Verpflichtung und die Familie als Schicksalsgemeinschaft. Solidarität und längerfristiges Denken erachtete man als Selbstverständlichkeit, weil Notwendigkeit. Folge einer freien Entscheidung waren sie nicht.

Natürlich ist es eine ganz andere Dimension und Herausforderung, unter den heutigen Umständen – die Alten sind durch die sozialen Sicherungssysteme nicht mehr von den Jungen abhängig, Wahl- und Entfaltungsfreiheit gewähren alternative Lebenswege, die Komplexität der globalen Welt sprengt geschlossene Lebenswelten – Zukunftsverantwortung zu leben. Gelebt wird sie vor allem dort, wo es im kleinen Lebenskreis mit konkretem menschlichem Bezug um Verantwortung geht. So verzichten viele Eltern auf manchen Wunsch und manche Annehmlichkeit um der Zukunft ihrer Kinder willen. Die Solidarität zwischen den Generationen ist auf der Ebene familiärer Beziehungen weit größer als allgemein angenommen, allerdings auch nicht mehr so selbstverständlich wie früher.

Schwieriger wird es für den Gemeinschaftssinn und die Zukunftsverantwortung, je abstrakter und anonymer sich die Beziehungsgefüge gestalten. Nehmen wir etwa die sozialen Sicherungssysteme oder die Staatsverschuldung. Hier ist der konkrete Bezug des Einzelnen zum Ganzen verwischt, nicht direkt spürbar, sodass sich stattdessen Gleichgültigkeit breit macht: Was hilft es, wenn ich mich vorbildlich verhalte, aber alle anderen sich um diese Zukunftsverantwortung nicht scheren?

Der viel zitierte Satz »unsere Kinder sollen es besser haben« darf nicht zur leeren Floskel oder zur Zielvorgabe in Sachen Konsum verkommen. Es gilt den Zweifel, den der renommierte Verhaltensforscher Irenäus Eibl-Eibesfeldt aufgrund seiner Studien an der Einsichtigkeit und Wandlungsbereitschaft des Menschen hegt, bestmöglich auszuräumen. Eibl-Eibesfeldt verweist auf die starke Ausprägung des Kurzzeitdenkens der menschlichen Natur. So hat er Bedenken, dass etwa beim Umgang mit den nicht ersetzbaren Ressourcen unsere Einsicht zur Verhaltensänderung und unsere Kraft zum Handeln stark genug ist, wenn die negativen Folgen erst ein oder zwei Generationen später Wirklichkeit werden. »Gefahren, die nach statistischer Wahrscheinlichkeit nicht innerhalb eines Lebensalters eintreten, erleben wir nicht als bedrohlich, auch wenn wir sie rational als existent anerkennen.« Die Erfahrungen aus der Politik bestätigen ihn: Wenn es beispielsweise um den Bau von Schutzeinrichtungen gegen Hochwasser geht, ist schon fünf Jahre nach der letzten Hochwasserkatastrophe fast alles Leid vergessen und jede notwendige, mit Eingriffen verbundene Vorsorgemaßnahme wird bekämpft, da die Wahrscheinlichkeit eines neuen Hochwassers in naher Zukunft zu gering ist.

Die Verantwortung für die Nachkommen hat in unserer Zeit deswegen eine neue Dimension und Dringlichkeit erreicht, weil wir wie noch keine Generation vor uns die moderne Welt durch unsere Entscheidungen in extrem kurzer Zeit grundlegend verändern. Diese Veränderungen aber sind mit Langzeitfolgen verbunden, die in ihrem Ausmaß bisher beispiellos sind. Woher kann also einer Gesellschaft die Kraft zuwachsen, auf momentan Angenehmes, aber nicht Lebenswichtiges zu verzichten, um Verantwortung für die Zukunft und die Lebenswelt der Nachkommen zu zeigen? Ich meine, dass uns dies mittels eines starken Wertebewusstseins gelingen kann. Christlich gesprochen bedürfen wir einer modernen Askese. Nicht im Sinne einer Selbstgeißelung, einer Buße oder eines Ventils für das schlechte Gewissen von Wohlstandsbürgern, sondern als Selbstbeschränkung aus Verantwortung und Verpflichtung gegenüber den Nachkommen und der Schöpfung. Wer jedoch den Menschen als autonome Größe und den Lebensgenuss als wichtigstes Ziel sieht, der wird für eine Selbstbegrenzung schwerlich die erforderliche Kraft aufbringen. Darin lag, nebenbei bemerkt, auch das häufig beobachtete reale Dilemma der Umweltbewegung begründet. Sie war sehr stark von emanzipatorischem Denken absolut autonomer Menschen geprägt. Ohne ethische Fundierung, ohne Werte jedoch kann das Prinzip Nachhaltigkeit kaum realisiert werden.

Die Aufgabe, für die Zukunft zu sorgen, nur an die Adresse der Politik weiterzugeben, ist wohl einfach, aber auch billig und falsch. Es ist unsere gemeinsame Aufgabe, die Herausforderung unserer Zeit, denn »die Lebenskraft einer Epoche zeigt sich in ihrer Aussaat, nicht in ihrer Ernte« (Ludwig Börne).

Leistungskultur statt Ellenbogengesellschaft

Leistungsorientierung wird in unserer Gesellschaft eher negativ bewertet. Nur im Sport, wenn wir als Zuschauer die Leistung der Athleten bewundern, selbst aber nicht herausgefordert werden, sind wir bereit, unsere ablehnende Haltung vorübergehend aufzugeben. Ansonsten bleibt uns diese Eigenschaft suspekt, verbinden wir doch damit erfahrungsgemäß Anstrengung und emotionale Kälte, oftmals auch Egoismus. Dass wir aber damit dem Inbegriff von Leistungsorientierung respektive Leistungsbereitschaft als Wille, Leistung zu erbringen, Unrecht tun, wird uns nicht bewusst. Denn die Bereitschaft und die Fähigkeit zur Anstrengung und damit zur Leistung ist eine wesentliche Voraussetzung für ein gelingendes Leben.

Dies zeigt sich vor allem in der Bildungsfrage. Kinder müssen im Bildungssystem entsprechend ihrer Begabung gefordert und natürlich auch entsprechend gefördert werden – beides ist untrennbar miteinander verflochten. Wenn Kindern die Forderung und Herausforderung, sich anzustrengen, verweigert wird, verwehren wir ihnen eine wesentliche Bedingung dafür, dass sie ihr Potenzial, ihre Möglichkeiten und ihre Persönlichkeit eigenständig in der Bewältigung der Herausforderung entdecken und entwickeln. Dennoch ist bei vielen Eltern die Einstellung noch weit verbreitet, dass die humanste Schule doch die wäre, die weniger Leistung verlangt. Und dies trotz der bekannten Tatsache, dass Verwöhnung und Unterforderung zu Lebensverdruss und häufig zu sozialem Fehlverhalten führen. So sind wir in unserer Wohlstandsgesellschaft nicht nur mit wachsenden sozialen Problemen sogenannter »sozial schwacher« Gesellschaftsgruppen konfrontiert, sondern auch mit vielen Formen der Wohlstandsverwahrlosung. Gerade im Bereich der Erziehung und Bildung halte ich deshalb Leistungsorientierung für unabdinglich. Sie kann innerhalb der Gesellschaft aber nur dann mehr Zustimmung und Unterstützung erfahren, wenn wir Leistung auch mit ethischen Normen und mit einer ganzheitlichen Lebenskultur verbinden. Ein eindrucksvolles Beispiel für eine entsprechende Einordnung von Leistungsfähigkeit und -willen zeigt sich in der Gründungsidee der Bayerischen Eliteakademie, einer Einrichtung der Bayerischen Wirtschaft. In dieses Förderprogramm werden nur junge Menschen aufgenommen, die sich nicht nur durch intellektuelle Spitzenleistungen auszeichnen, sondern sich auch im Sinne bürgerschaftlichen Interesses sozial engagieren, also nicht nur auf sich selbst fixiert sind. Das Ziel der Eliteakademie besteht darin, keine einseitig orientierte, selbstgenügsame Leistungselite, sondern eine Verantwortungselite heranzuziehen, die sich für ihre Mitmenschen einsetzt. Ich glaube, dass wir eine grundlegende Veränderung des sozialen Klimas und der Bereitschaft zum Engagement in unserer Gesellschaft erleben würden, wenn ein solches Leitbild allgemein als Richtschnur für Begabte und Führungskräfte in den verschiedensten gesellschaftlichen Bereichen gelten würde.

»Dem Eigentum verpflichtet« – so lautet ein Grundsatz unseres Verfassungsstaates. Wenn wir den Passus »der Begabung verpflichtet« hinzufügen und als gesellschaftliche Norm verankern würden, wäre das Ziel, unsere Gesellschaft leistungsfähiger und menschlicher zu gestalten, nicht nur Utopie, sondern eine unumstößliche Forderung, die es sukzessive zu realisieren gilt. Es geht hier folglich nicht nur um die Leistungssteigerung, sondern um die Reifung einer Kultur, in der sich Leistung in der Bereitschaft des Einzelnen manifestiert,

Initiative zu zeigen und sich entsprechend seiner Möglichkeiten und seiner jeweiligen Lebenssituation im Sinne des Gemeinwohls einzubringen – sei dies in der Vielfalt der beruflichen Aufgaben, in der Bildung, im sozialen oder kulturellen Leben. In einer derartigen Leistungskultur würden wir auch endlich die Engführung des Begriffs »Leistungsträger« überwinden können, mit dem leider bislang meistens nur besonders exponierte und gut bezahlte Personen verbunden werden. Leistungsträger aber sind alle, die sich sozial engagieren und Verantwortung übernehmen. Sie sind die Vitalkräfte einer lebendigen und eben leistungsstarken Gesellschaft. Ihnen den Freiraum für die Entfaltung ihrer Fähigkeiten und Initiativen zu gewähren und sie in ihrem Tun zu unterstützen, muss deshalb mehr denn je als zentrale politische Aufgabe verstanden werden. Denn wenn wir es schaffen, den bisher überwiegend mit negativen Konnotationen behafteten Leistungsbegriff zum Kernbegriff einer gesunden und konstruktiven Leistungskultur zu wandeln, dann steigt nicht nur die gesellschaftliche Akzeptanz der Leistungs- und Verantwortungseliten, sondern auch die Attraktivität unserer Gesellschaft als Arbeits- und Lebensraum. So könnte zum einen die jährlich zunehmende Abwanderung gut ausgebildeter und vor allem junger Deutschen, die sich hierzulande durch Überreglementierung eingeengt fühlen und die Vorzüge anderer Länder dem hiesigen Klima des Neids und der Missgunst vorziehen, ein Stück weit eingebremst werden. Zum anderen präsentierte sich unsere Gesellschaft für fremdländische Leistungsträger deutlich anziehender. All diese Leute brauchen wir hier. Von ihnen wird unsere Innovationskraft als Motor für die Zukunftsgestaltung im Wesentlichen abhängen.

Die Innovationskraft ist für unsere Zukunft entscheidend

Unsere Zukunftschancen und insbesondere die der jüngeren Generation hängen entscheidend von der Fähigkeit unseres Landes zur Veränderung und zur Weiterentwicklung ab. Das mag auf den ersten Blick etwas abstrakt und schwer nachvollziehbar erscheinen, aber mit der Zukunft eines Landes verhält es sich wie mit der Zukunft einer Firma, die sich innerhalb ihrer Branche und auf dem Markt zu behaupten versucht. Während die eine, so erleben wir es, nach einiger Zeit schließen muss, kann die andere auch langfristig erfolgreich bestehen. Wie kommt das? Nun, die Gründe mögen im Detail vielfältiger Natur sein, doch ein wesentlicher Faktor, der immer wieder auftritt, ist die lebens-, ja überlebenswichtige Fähigkeit der Firma, sich nicht auf Erfolg auszuruhen und sich stattdessen stetig und zeitgemäß weiterzuentwickeln. Nicht wenige aufstrebende Firmen sind daran gescheitert, dass ihr Erfolg sie selbstzufrieden machte und für notwendige Veränderungen blind werden ließ. Da in besonderer Weise die Eigentümer und die Ebene der Führungskräfte für die Prosperität der Firma verantwortlich sind, liegt es in ihrer Hand, welcher Zukunft das Unternehmen entgegensteuert. Sind die Eigentümer oder die Führungskräfte, oder beide, nur am kurzfristigen Gewinn orientiert, wird die Firma auf lange Sicht kaum erfolgreich laufen. Denn entscheidend für sie ist allein eine Umsatz- und Ertragssteigerung in den Quartalsberichten und der aktuellen Börsennotierung. Ob der dafür eingeschlagene Weg, das eingegangene Risiko sich später rächt, ist sekundär. Aber genau das ist Gift für ein Wirtschaften mit Zukunftsorientierung und

-verantwortung. Für ein solches dürfen der momentane Erfolg und Ertrag firmenintern nicht voll verteilt, das heißt weder an Eigentümer noch an Mitarbeiter ausgeschüttet werden. Stattdessen muss die Unternehmensführung dafür Sorge tragen, dass Investitionen in Forschung und Entwicklung immer einen festen Bestandteil des Firmenbudgets darstellen. Das allein aber reicht noch nicht aus. Um generell die Entwicklung am Markt nicht zu verschlafen, gilt es, eine Unternehmenskultur zu pflegen, die mittels ihrer Strukturen gewährleistet, dass gewonnenes Wissen aus der Entwicklungsabteilung auch Eingang in die Produktion selbst findet. Nehmen wir Siemens und seine ehemalige Handy-Sparte als Beispiel: Hier wurde der Entwicklungsabteilung von vielen Seiten höchste Aktualität und Qualität der Ergebnisse bescheinigt, die Umsetzung dieses Know-hows in der Firma und die Durchsetzung der Produkte am Markt waren vergleichsweise dürftig – mit fatalen Konsequenzen. Daraus ist eine wichtige Schlussfolgerung zu ziehen: Wissen allein bewirkt nichts, die Realisierung von Wissen in Form von Produkten – ob es nun Dienstleistungen oder materielle Produkte sind – ist ausschlaggebend für die Wettbewerbsfähigkeit auf dem Markt.

Versuchen wir anhand des Firmenbeispiels nun stichpunktartig zusammenzufassen, was generell für die Innovationskraft vonnöten ist:

1. die Zukunftsorientierung und Zukunftsverantwortung der obersten Entscheidungsträger;

2. strukturelle Bedingungen, die sicherstellen, dass alle Beteiligten sich gemäß ihres Wissens, Könnens und ihrer Erfahrung entfalten können;

3. eine Unternehmenskultur im Sinne eines respektvollen Umgangs aller Beteiligten miteinander;

4. die Bereitschaft, vom aktuellen Ertrag immer einen entsprechend hohen Anteil in Forschung und Entwicklung und damit in die Zukunft zu investieren.

Der Maßstab für die notwendigen Weichenstellungen, Veränderungen und Anstrengungen ergibt sich dabei allerdings nicht aus dem, was aus der Sicht aller Beteiligten angenehm oder akzeptabel ist, sondern aus der Wettbewerbssituation auf dem Markt und aus der Qualität der Konkurrenz.

Alle diese Erfahrungswerte gelten auch für uns als Volk, als Gemeinwesen, als Staat. Der einzige große Unterschied, der sich beim Transfer des Firmenmodells auf den Staat ergibt, liegt darin, dass für die Mitarbeiter einer Firma etwaige nötige Veränderungen und Führungsentscheidungen wegen der unmittelbaren Betroffenheit einsichtiger sind als politische Beschlüsse für Bürger innerhalb des Gemeinschaftswesens. Hier beginnt freilich der Führungsauftrag der Politiker und aller anderen Führungsverantwortlichen in der Gesellschaft, hier beginnt deren Bringschuld, das Notwendige verständlich zu machen und die entsprechenden Schlussfolgerungen umzusetzen. Der Maßstab für das Notwendige ergibt sich analog zum Firmenmodell nicht aus dem, was momentan mehrheitsfähig ist, sondern aus zwei konkreten Aufgabenstellungen:

1. Analyse der Wettbewerbssituation in der globalisierten Welt: Als Orientierung für erforderliche Weichenstellungen in unserem Land müssen die Entwicklungen und Ergebnisse der leistungsstarken Länder gelten, die jetzt die Spitzengruppe bilden oder auf dem Weg dorthin sind. Wenn wir auf Dauer zu den führenden, wohlhabenden Ländern mit guten Lebensbedingungen gehören wollen, müssen wir auch bezüglich Leistungskraft und Resultate in dieser Liga unseren Platz behaupten. Wir können also nicht auf uns selbst fixiert bestimmen, was notwendig oder lässlich ist, sondern müssen uns wie im Sport dem Wettbewerb und der ständigen Weiterentwicklung stellen und daraus unsere Maßstäbe gewinnen.

2. Wahrnehmung der besonderen Herausforderungen dieser

Zeit und Bereitschaft für verantwortliches Handeln auf lokaler wie globaler Ebene: Wir können nicht länger die Augen verschließen vor drängenden Problemen wie der künftigen Energieversorgungslage, dem Klimawandel, dem Ernährungsproblem der Weltbevölkerung, den Bedingungen für Gerechtigkeit und Frieden, der Verschuldung, den Konsequenzen, die sich aus der demografischen Entwicklung ergeben, und der Generationengerechtigkeit.

In diesen großen Herausforderungen liegen auch unsere großen Chancen. Unser Wohlstand, unsere Spitzenstellung in der Welt sind das Ergebnis früherer Leistungen in Forschung, Entwicklung und unternehmerischem Handeln. Ich finde es geradezu alarmierend, dass wir ausschließlich in traditionellen und vor Jahrzehnten durch Innovationen geprägten Branchen nach weltweiten Maßstäben führend sind, wie etwa in der Elektroindustrie, im Maschinenbau oder Fahrzeugbau, aber in den letzten Jahrzehnten auf dem technologischen und naturwissenschaftlichen Sektor eine sekundäre Rolle spielen – und dies, obwohl Deutschland seit über hundert Jahren die besten Ingenieure, Mediziner, Chemiker, Maschinenbauer usw. hervorgebracht und in diesen Branchen weltweit viele Entwicklungen geprägt hat. Die deutliche Erosion unserer technischen Dominanz in wichtigen Bereichen ist Ausdruck des Stellenwertes, den wir der Forschung und dem Unternehmertum in unserer Gesellschaft einräumen.

Auf welchen Wegen und mit welchen Mitteln erreichen wir deshalb, dass sich die in unserem Volk vorhandene Leistungskraft und Innovationskraft endlich wieder voll entfalten kann? Unseren Vor- und Nachfahren gegenüber sind wir allein schon moralisch dazu verpflichtet, dafür zu sorgen. Es gilt also, alle Lebens- und Aufgabenbereiche unseres Gemeinwesens, die zur Innovation beitragen, zu diesem Zweck kritisch zu durchleuchten. Dabei werden sich Fragen auftun: Fördert unser Schul- und Bildungssystem nicht nur abfragbares Wissen, sondern auch Kreativität und unternehmerisches Handeln? Wie ist es um den Freiraum und die Entfaltungsmöglichkeiten für Forschung und Entwicklung im reglementierten Bürokratiesystem unseres Bildungswesens, insbesondere auch an unseren Hochschulen und Forschungsstätten bestellt? Ist der Anteil für Forschung und Entwicklung in unseren öffentlichen Haushalten und in den Budgets der Firmen für die Aufgaben dieser Zeit und in der Verantwortung für die künftigen Lebensbedingungen angemessen?

Die größte Gefahr für die Zukunft unseres Landes sehe ich allerdings nicht darin, dass wir zu wenig wissen, zu wenig kompetente Wissenschaftler und Unternehmer hätten, sondern darin, dass unser Land sich selbst blockieren könnte, indem die Problemseiten des Fortschritts mit sinkender Faszination für technische Innovation übersteigert werden und das neue Problembewusstsein zu Angst und Verweigerung führen. Um einem solchen Pendelschlag ins Extrem vorzubeugen, brauchen wir unter den Bedingungen einer offenen Gesellschaft eine öffentliche und konstruktive Debatte über Chancen und Risiken. Diese setzt voraus, zu wissen, dass wir dem technischen Fortschritt einen Lebensstandard und eine Lebensqualität verdanken, wie ihn keine Generation vor uns kannte. Ich werde nicht müde, nochmals an wertvolle Errungenschaften zu erinnern wie die Entwicklung humanerer Lebens- und Arbeitsbedingungen, die lange Lebenszeit mit gesünderen Lebensbedingungen als früher, die finanzielle Absicherung gegen viele Risiken des Lebens innerhalb eines leistungsfähigen Sozialstaats sowie die Einkommen und die Zeit, um sich über die Sicherung des Lebensunterhalts hinaus anderen Aufgaben und Neigungen widmen zu können.

Erst vor diesem Wissenshintergrund lässt sich die Frage erörtern, wofür wir Fortschritt eigentlich erreichen wollen. Dazu müssen wir uns klar werden, wie wir morgen leben wollen und können. Nur so lassen sich Ziele formulieren und Entwicklungen in die entsprechende Richtung vorantreiben. Doch mit den Leitbildern, die heute über die Medien verbreitet und entsprechend nachgeahmt werden, kommen wir nicht weit. Sie beziehen sich weitgehend auf die Welt des Konsums und der Spaßgesellschaft. Es fehlt der Blick nach vorne. Der wird bei jungen Leuten zwar mit Aktionen wie »Jugend forscht« und ähnliche Wettbewerbe gefördert, aber es bedarf noch viel größerer und umfassenderer Anstrengungen, um das geistige Potenzial in unserer Gesellschaft zu nutzen. Gerade für engagierte, neugierige und für das Neue offene Menschen kann der Wille, ein gestecktes Ziel erreichen zu wollen, ungeahnte Kräfte wecken und in vielerlei Hinsicht mobilisierend wirken. Das genau macht die Motivation erfinderischer Leistungen und außerordentlicher Entdeckungen aus. So mögen auch die großen Aufgaben vor allem in den Naturwissenschaften – etwa was den effizienten Verbrauch von Ressourcen und Energie angesichts der Klimaveränderungen angeht – für begabte junge Menschen eine besondere Herausforderung darstellen, die sie mit Einfallsreichtum und Genie bewältigen. Für alle Lebensbereiche gilt: Die Welt lebt von den Menschen, die mehr tun als ihre Pflicht. Dafür braucht es Leidenschaft, gute Bedingungen und Anerkennung. Denn fest steht: Die Innovationskraft des Landes entscheidet über unsere Zukunft. Die Innovationsstärke ist dabei Ausdruck der inneren Lebendigkeit einer Gesellschaft, der gesellschaftlichen Prioritäten und der Qualität der Führung.

Selbstblockaden überwinden
und Risiken eingehen

Die alle Lebensbereiche, Institutionen und Personen erfassende Vertrauenskrise blockiert uns zunehmend und hindert uns an unserem eigenen Tun und Fortkommen. Ohne Grundvertrauen jedoch gibt es nicht ausreichend Raum für Neues. Die Parole der 68er-Bewegung »Traue keinem über dreißig« beschränkt sich längst nicht mehr auf die ursprünglich angefeindete Altersgruppe, sondern greift auch auf andere Generationen über. Offenbar hat die jahrzehntelang propagierte Bemühung, zur Kritikfähigkeit zu erziehen, Früchte getragen. Aber gerade wir als Teil einer immer komplexeren Lebenswelt sind mehr wie jede Generation vor uns auf Vertrauen angewiesen – auf Vertrauen in Personen allen Alters, in Regeln und in Institutionen. Es gilt deshalb, den richtigen Weg zwischen »nur kritisch« und »zu vertrauensselig« zu finden.

Insbesondere der Vertrauensverlust gegenüber der Wissenschaft und die wachsende Sprachlosigkeit zwischen Wissenschaft und Öffentlichkeit spielt eine große Rolle in diesem gesamtgesellschaftlichen Phänomen. Viele Wissenschaftler haben leider dazu selbst ihren Beitrag geleistet, denn nur wenige von ihnen beherrschen es, ihre Erkenntnisse in einer allgemein verständlichen Sprache der breiten Masse zugänglich zu machen, nur allzu wenige sind überhaupt bereit, sich bei Fragen zu ihrem ureigensten Fachgebiet in eine öffentliche Debatte zu begeben. Denen stehen diejenigen gegenüber, die sich schon beim ersten erfolgreichen Laborversuch bei den Medien mit ihrer Lösung eines Weltproblems oder zumindest einer wichtigen Aufgabenstellung anbiedern. Wo es zu öffentlichen Auseinandersetzungen kommt, macht sich die Tendenz der Polarisierung bemerkbar. Umso wichtiger ist es im Sinne einer politischen und gesellschaftlichen Diskussionskultur, dass wir neue Arten der öffentlichen Debatte, der öffentlichen Foren entwickeln, um vor allem auch diese Selbstblockaden aufzulösen. Allen Akteuren, die Veränderungen und Weiterentwicklungen für notwendig halten – Politiker, Wissenschaftler, Unternehmer, Repräsentanten der Verwaltung und andere – muss dabei klar sein: Angesichts der Komplexität der Sachverhalte hängt die Entscheidung darüber, wie sich die überwältigende Mehrheit einem Problem gegenüber positioniert, allein vom Vertrauen ab. Deshalb sind vertrauensstiftendes Verhalten und vertrauenserweckende Argumentation der Dreh- und Angelpunkt aller weiteren Entwicklungen.

Eine Folge der Komplexität von Aufgabenstellungen ist ein hohes Maß an Spezialisierung. Heute verstehen Spezialisten von immer weniger immer mehr. Zur Realität einer komplexen Welt gehören aber auch die Wechselwirkungen von Sachverhalten, was bedeutet, dass stets auch Zusammenhänge und Auswirkungen vom Detail aufs Ganze und umgekehrt betrachtet werden müssen. Bezogen auf unser Umweltbewusstsein stellte diese Erkenntnis einen wichtigen Lernprozess der 1970er- und 1980er-Jahre dar, in denen man sich verstärkt mit Systemzusammenhängen im Naturhaushalt beschäftigte. Die Notwendigkeit, die Sicht auf das Ganze zu bewahren, gilt aber auch für alle anderen Lebensbereiche. Experten sollten daher akzeptieren, dass sie mit ihren im Einzelnen sicher wertvollen Erkenntnissen zu speziellen Sachfragen niemals eine Antwort auf das Ganze geben können. Dazu sind ihre Denkwelten zu geschlossen, manchmal auch aufgrund von dominanten Lehrmeinungen, die erst mit viel Engagement entkräftet werden müssen. Als exemplarisch für eine verkürzte Sicht seitens der Wissenschaft und den sich daraus ergebenden Konsequenzen für die öffentliche Debatte möchte ich die gegenwärtige Auseinandersetzung um die Grüne Gentechnik anführen: Wenn pflanzenzüchtende Genforscher zu dem Ergebnis kommen, dass gentechnisch veränderte Pflanzen zu erheblich besseren Erträgen führen, ist damit noch nicht beantwortet, welche Folgen solche Veränderungen im Gesamtsystem der Natur hervorrufen. Ebenso wenig ist damit beantwortet, ob Nahrungsmittel, die aus gentechnisch veränderten Pflanzen hergestellt werden, Auswirkungen auf die Gesundheit der Menschen haben, und wenn ja, welcher Art diese sind. Auch muss im Sinne einer ganzheitlichen Betrachtung berücksichtigt werden, welche Konsequenzen die Grüne Gentechnik gesellschaftspolitisch hat. Es bleiben beispielsweise Fragen, wie etwa mit der Abhängigkeit von Patentinhabern und der Veränderung von Agrarstrukturen umgegangen werden soll.

Aktuell ist die öffentliche Debatte ganz wesentlich dadurch geprägt, dass Kritiker einer Sache, die sich mit hoher Motivation ein erstaunliches Fachwissen angeeignet haben, ein derart großes Engagement an den Tag legen, dass die Befürworter außer Lage zu sein scheinen, Vergleichbares entgegenzusetzen. Bei jeder Diskussion über den Ausbau oder Neubau einer Autobahnstrecke, bei der Auseinandersetzung über Energiesysteme, bei der Grünen Gentechnik und vielen anderen Beispielen zeigt sich dies überdeutlich. Am Ende der Diskussion steht dann oftmals derjenige als Sieger da, der am meisten Energie im Wortgefecht gezeigt hat. Ich glaube, dass diese Form der öffentlichen Auseinandersetzungen den Erkenntnisprozess sicherlich fördern kann, und es ist nicht zu leugnen, dass engagierte Bürgergruppen manches verhindert haben, was später auch, zumindest im stillen Konsens, als »Fehlentwicklung« erkannt wurde. Doch gleichzeitig behaupte ich, dass es keine wesentlich neue Entwicklung ohne Restrisiko gibt. Es ist kaum möglich, am Anfang und im Entscheidungsstadium alle Risiken und Nebenwirkungen voll zu überblicken, sosehr wir uns auch darum bemühen. Bildlich gesprochen, können wir keinen Schritt nach vorne gehen, wenn wir uns bereits beim Gedanken daran ausbremsen – aus Angst vor dem, was wir damit lostreten könnten. Deshalb brauchen wir eine Risikokultur, die sich jede Generation wohl aufs Neue erarbeiten muss. Denn ein neuer Aufbruch, der uns vor weiterem Abstieg schützt, ist nur mit einer entsprechend abwägenden Risikobereitschaft möglich, keinesfalls aber mit Verzicht auf jedes Risiko. Damit solche Restrisiken von der Öffentlichkeit, das heißt der breiten Masse, auch akzeptiert werden, sollten diejenigen, die neue Ideen initiieren und umsetzen wollen, ein solches Risikobewusstsein im Zusammenhang mit ihren Vorhaben auch glaubwürdig zeigen und ihre Abwägungen offenlegen. Wahrscheinlich könnten auf diese Weise viele Konflikte zwischen Gegnern und Befürwortern entschärft werden, da diese erfahrungsgemäß vor allem dann entstehen, wenn sich Kritiker mit ihren Ängsten und Sorgen von Fachleuten oder gar Politikern nicht ernst genommen fühlen.

Ein Alarmzeichen für die Schieflage von Debatten ist es aber auch, wenn von kritischen Personen und Gruppen die Sachdebatte verweigert und der Konflikt sofort auf der Ebene von »gut oder böse« und damit auf der Ebene von Scheinmoral ausgetragen wird. Scheinmoral deshalb, weil damit die sachbezogene Erörterung umgangen wird und dieses Versäumnis durch den Anspruch auf Moral ersetzt werden soll. Zur Qualität moralischen Handelns gehört aber gerade die Bereitschaft zur sachgerechten Diskussion, die sich angesichts komplexer Inhalte oft mühevoll gestalten kann. Wer sich dem verweigert, praktiziert nicht Moral, sondern Moralismus als Waffe der Auseinandersetzung, Ausgrenzung und Abwertung sowohl der Person als auch der Argumente des Gegenübers.

Auch wenn jemand zutiefst überzeugt ist, dass Werte verletzt werden oder in Gefahr sind, müssen wir darauf bestehen, dass die Regeln fairer und rechtsstaatlicher Auseinandersetzung beachtet werden.

Im Übrigen gibt es nicht nur ein Recht, sondern auch eine Pflicht zum Widerspruch, wenn sich Entwicklungen abzeichnen, von denen der Bürger überzeugt ist, dass sie der demokratischen Auseinandersetzung bedürfen. Zur Demokratie gehört wesentlich, Spannungen und Widersprüche auszuhalten und Streitigkeiten mit den Regeln der Demokratie und des Rechtsstaates auszutragen. Denn nur mit diesen können wir unsere Konflikte friedlich regeln. Wer dagegen Rechtsverletzung als Mittel der Auseinandersetzung akzeptiert, reißt Dämme ein und kann die gewalttätige Flut und die Eskalation des Hasses nicht mehr aufhalten. Die Spur der Gewalt ist eindeutig: Sie beginnt mit einer unversöhnlichen Sprache des Hasses, die Feindbilder aufbaut, es folgt die Gewalt gegen Objekte und dann – als Folge der Eigengesetzlichkeit – die Gewalt gegen Subjekte, sprich Personen. Gerade in der Auseinandersetzung um ökologische Fragen und Probleme sind in diesem Sinne die Propagandisten der Endzeitstimmung, die Mahner angeblicher Entscheidungen auf Leben und Tod, verantwortlich für viele Gewaltanwendungen, auch wenn sie selbst nicht körperlich gewalttätig werden. Fatal ist auch die Praxis des sogenannten »gewaltfreien Widerstandes«, die mit ihrer kalkulierten Rechtsverletzung den Rechtsstaat systematisch demontiert. Als moralischer Mantel für Gewalttaten verschiedenster Form wird dann oftmals das »Widerstandsrecht« proklamiert. Dieses kann es allerdings nur in Gesellschaftsordnungen geben, in denen die Rechtsprechung politisch gebeugt wird, die Menschenrechte missachtet werden und die eigene Meinung nicht frei geäußert werden kann. Hierzulande hingegen hat jeder Bürger das Recht, sich zu wehren, doch nur mit den Mitteln des Rechtsstaates, der Minderheiten und die Freiheit des Einzelnen schützt. Die Spirale der Gewalt führt zum Recht der Minderheiten gegenüber den Mehrheiten, zum Faustrecht, zur Unterdrückung der Meinungsfreiheit.

Der funktionsfähige Rechtsstaat ist unser gemeinsames Gut und unser letztlich einzig tragendes Fundament für eine gewaltfreie Konfliktregelung. Er ist der einzige Garant unserer Freiheit, auch dann, wenn er zur Wahrung des Rechtes notfalls staatliche Gewalt einsetzen muss. Das Recht und die allgemeine Sicherheit sind deshalb Werte, an denen wir unter allen Umständen festhalten müssen – selbst wenn im Einzelfall Recht nicht immer als gerecht empfunden wird.

Subsidiarität bringt Dynamik und Stabilität

Ist es möglich, die für die Fortentwicklung nötige Dynamik und Stabilität von Staat und Gesellschaft miteinander zu verbinden? Und wenn ja, wie kann dies geschehen, ohne die Balance zwischen beiden Polen zu verlieren? Der Generalschlüssel dafür liegt in der konsequenten Anwendung des Subsidiaritätsprinzips als Verantwortungs- und Strukturprinzip. Diese Handlungsmaxime gibt allen Beteiligten und Betroffenen Orientierung und setzt zugleich einen Maßstab für das eigene Tun.

Subsidiarität funktioniert nach einer einfachen Regel: Eigenverantwortung ist immer vorrangig. Dies besagt, dass jede Einheit zunächst für sich und die ihren verantwortlich ist. Die größere Einheit darf keine Aufgaben und Kompetenzen übernehmen, die auch die kleinere wahrnehmen kann. Und was diese selbst leisten kann, darf sie nicht auf die Gemeinschaft abwälzen. In einem Staat, der nach dieser Regel organisiert ist, ist damit zugleich die Aufgabenverteilung zwischen Bürger und Staat und der jeweilige Kompetenzbereich festgelegt. Subsidiarität fördert und fordert den aktiven, eigenverantwortlichen und selbstbewussten Staatsbürger, der nur dann Verantwortung abgibt, wenn die Aufgabe außerhalb seiner Zuständigkeit und Kompetenz liegt. Auf diese Weise wird vom Einzelnen ein gutes Maß an Selbstverantwortung abverlangt, das ihn zum aktiven Mitgestalter des Fortschritts und nicht zum passiven Opfer des Wandels macht. Entmündigung von Menschen wird – sei es durch Machtansprüche oder bevormundende Betreuung – auf diese Weise von vorneherein ausgeschlossen.

In der Abkehr von ebendiesem Subsidiaritätsprinzip sehe ich eine wesentliche Ursache für zahlreiche Fehlentwicklungen in unserem Land, die häufig auf die Einforderung von Solidarität in Situationen zurückgehen, in denen eigentlich erst eigene Kräfte hätten mobilisiert werden müssen. Zu oft verkennt man, dass das Subsidiaritätsprinzip gerade in der modernen Zivilisation, in der immer mehr Anonymität und träge, undurchschaubare Großstrukturen beklagt werden, ein vitalisierendes Mittel gegen Passivität und Unbeweglichkeit ist. Dadurch, dass es den kleineren Einheiten den Vorrang einräumt, von ihnen eigenverantwortliches Handeln abverlangt, ermöglicht und fördert es den Wettbewerb der Ideen und Initiativen. Das wiederum kommt der Innovationskraft unserer Gesellschaft zugute. Und sollte sich das Tun der kleinen Einheit als fehlerhaft herausstellen, gefährden die Folgen, anders als bei zentralen Entscheidungen, nicht sofort das Große und Ganze, sondern bleiben auf den jeweiligen Teilbereich beschränkt und korrigieren sich in der Selbstorganisation der Gesellschaft und der Handelnden. Subsidiarität ist also in hohem Maße risikoarm und die bestmögliche Antwort auf die wachsende Komplexität der Aufgabenstellungen, die immer mehr menschen- und problemnahe Entscheidungen brauchen. Gerade die Tatsache, dass hier in überschaubaren Strukturen verantwortungsvoll agiert wird, befördert wiederum die Stabilität und Verlässlichkeit, derer wir für unsere Zukunftsplanung bedürfen.

In staatlichen Strukturen realisiert sich das Subsidiaritätsprinzip im Föderalismus. Nirgendwo in Europa sind die kommunale Selbstverwaltung und damit die Gestaltung des eigenen Lebensraums durch Entscheidungen der Bürgerinnen und Bürger so ausgeprägt wie in Deutschland, in keinem anderen Land die Verantwortlichkeiten großer staatlicher Verwaltungseinheiten mit den föderalen Strukturen und Kompetenzen der Bundesländer vergleichbar. Gewiss ist der

Föderalismus von 16 Ländern vor allem wegen der so unterschiedlichen Größe und Leistungsfähigkeit mit Problemen und Nachteilen behaftet, doch diesem Einwand steht gegenüber, dass kein anderer europäischer Flächenstaat eine ähnlich ausgewogene Entwicklung in seinen Regionen verzeichnen kann wie Deutschland. Hier ist es somit um die Chancengerechtigkeit in den einzelnen Lebensräumen der Menschen besser bestellt als anderswo.

Zentralismus ist sicherlich einfacher, Föderalismus dagegen oft anspruchsvoller, aufs Ganze gesehen aber lebendiger, innovativer und damit zukunftsfähiger. Machen wir uns bewusst, dass die meisten lokalen und regionalen Konflikte in der Welt Ausdruck ethnischer Konflikte sind. Volksgruppen protestieren gewaltsam, weil sie ihre kulturelle Identität, ihren legitimen regionalen Gestaltungswillen unter einer dominanten Zentralregierung nicht ausleben können. In einer föderalen Struktur ist dieses Problem nicht existent, denn Föderalismus verbindet Vielfalt im Kleinen mit Einheit im Großen. Separatistischen Tendenzen als Folge von Fremdbestimmung, die auf Abspaltung und Verweigerung der Verantwortung für das Ganze, etwa dem eigenen Staat und der eigenen Nation abzielen, wird so vorgebeugt.

Trotz der offensichtlichen Vorteile ist jedoch das Subsidiaritätsprinzip überraschenderweise oft sehr schwer durchsetzbar. Der Widerstand ist häufig verdeckt, aber wirksam. Die Ursachen dafür liegen oftmals in dem, was man gemeinhin als Kompetenzgerangel bezeichnet. Wo subsidiäre und föderale Strukturen gestärkt werden, wird Macht neu verteilt, was bedeutet, dass oftmals höhere Instanzen in mancher Hinsicht an Einfluss verlieren. Und wer tut dies schon gerne? Gleichzeitig heißt es aber für kleinere Einheiten, dass ihnen nicht nur mehr Zuständigkeit, sondern damit auch Verantwortung zugeschrieben wird. Diese zu tragen ist nicht immer schön. Im Alltag äußert sich dies etwa bei Kommunalpolitikern häufig in dem Wunsch, schwierige Aufgaben lieber bei der nächsthöheren Instanz zu belassen, während man sich vorzugsweise um die angenehmen kümmert. Doch was die einen an Einfluss und Entscheidungsmöglichkeit abgeben, müssen die anderen als Verantwortung übernehmen. Derartige Spannungen können konstruktiv geregelt werden, wenn im Zentrum der Überlegungen und Entscheidungen nicht die Frage steht, wer welche Macht und welche Bedeutung hat, sondern mit welchen Strukturen die Zukunftsfähigkeit des jeweiligen Aufgabenbereichs am besten gewährleistet ist.

Sozialkultur statt sozialer Kälte – das Soziale neu denken

Immer mehr organisierter Sozialstaat und immer mehr soziale Kälte – diese beiden Entwicklungen der letzten Jahrzehnte stehen in einem inneren Zusammenhang, der zunehmend spürbar wird, da der organisierte Sozialstaat in den nächsten Jahren schwersten Belastungen ausgesetzt sein wird. Auf der einen Seite werden als Folge der Finanz- und Wirtschaftskrise massive Einnahmeausfälle in den öffentlichen Haushalten und die dort vorherrschenden Schuldenberge die Handlungsspielräume merklich einengen. Gleichzeitig wird auf der anderen Seite der Bedarf an finanziellem Aufwand im Gesamtgefüge des Sozialstaats erheblich steigen. Die Kosten hoher Arbeitslosigkeit, die ständig steigenden Aufwendungen im Gesundheitswesen durch die wachsende Zahl alter Menschen und moderne medizinische Behandlungsmöglichkeiten, die prekäre Finanzlage in den sozialen Sicherungssystemen angesichts des Rückgangs der Beitragszahler, der große Betreuungsaufwand für die zunehmende Anzahl verhaltensauffälliger Kinder und Jugendlicher – dies sind nur einige wenige Beispiele, die wir nicht einfach ignorieren können.

Wer glaubt, die notwendige Sparpolitik primär über Kürzungen in den Sozialhaushalten gestalten zu können, lebt nicht in der Wirklichkeit oder nimmt schlichtweg unmenschliche Entwicklungen in Kauf. Natürlich steht außer Frage, dass auf dem gesamten Feld des Sozialen zu überprüfen ist, welche finanziellen Aufwendungen und in welcher Weise richtig und wirklich notwendig sind. Sowohl Effektivität als auch Effizienz eingesetzter Mittel muss in Abwägung gegenüber anderen dringlichen Aufgaben für das Gemeinwohl garantiert sein. Dazu ist der Sozialstaat gegenüber den Leistungserbringern, den Steuer- und Beitragszahlern verpflichtet. Seine ordnungspolitische Aufgabe besteht darin, den wirksamen Einsatz der Mittel mit der Qualitätssicherung der Maßnahmen in Zusammenarbeit mit den Anbietern sozialer Leistungen zu verbinden. Hierbei hilft ihm das Subsidiaritätsprinzip innerhalb der staatlichen Ordnung, also der Vorrang der freien Initiative vor der staatlichen im Sinne eines Wettbewerbs der Ideen, der Angebote, der Qualität.

Unsere künftige Herausforderung wird darin liegen, dass wir – Bürger, Politik und Staat – diese Form des Sozialstaats weiterentwickeln und neue Wege der Steuerung finden. Gemäß des Mottos »Das Soziale neu denken – das Neue sozial denken« gilt es, einen Sozialstaat zu entwerfen, der das Ergebnis einer von allen Bürgern gelebten Sozialkultur ist und dessen Kern unser gemeinsames Menschenbild darstellt. Der Vorrang der Eigenverantwortung vor der Hilfe anderer, verlässliche Solidarität und die konsequente Anwendung des Subsidiaritätsprinzips sind die Richtlinien, die verhindern, dass wir uns weiter in einer lähmenden Sozialbürokratie verlieren, die uns letztlich vergessen lässt, dass wir Teil einer Gemeinschaft sind. Wir brauchen einander und jeder kann seinen Beitrag leisten, denn »niemand ist so ›arm‹, dass er nicht eine Bereicherung für andere sein könnte; niemand ist so ›reich‹, dass er nicht durch andere eine Bereicherung erfahren könnte« (Karl Homann). Verantwortung füreinander übernehmen, sich für andere und für das Gemeinwesen engagieren, das ist die Grundlage einer humanen Gesellschaft. Diese Aufgabe können wir nicht an Organisationen und Institutionen delegieren, auch nicht mit entsprechenden finanziellen Beiträgen. Die Grundlage der Sozialkultur ist gelebte Solidarität. »Einer für alle, alle für einen.« Dazu gehört die Bereitschaft, sich für das Gemeinwohl verantwortlich zu fühlen und sich dafür einzusetzen. Solidarität ist eine innere Haltung, für das Zusammenleben jedoch braucht sie die organisatorischen Strukturen einer Solidargemeinschaft. Diese konkretisiert sich im Verhältnis der Generationen zueinander, im Miteinander von Familien und Kinderlosen, von Gesunden und Kranken, von Arbeitsplatzinhabern und Arbeitslosen, von wohlhabenden und armen Ländern. Solidarität ist mehr als eine Gerechtigkeit, die sich primär über den Vergleich definiert, getreu der Frage »Werde ich im Vergleich zu meinem Nachbarn, zu Arbeitskollegen, zu anderen gerecht behandelt?«.

Eine Kommission der Deutschen Bischofskonferenz hat im Dezember 2003 mit dem Impulspapier »Das Soziale neu denken« eine gründliche kritische Analyse über die Fehlentwicklungen unserer Zeit vorgelegt und wichtige Anregungen gegeben, die über die bisherige klassische Sozialstaatsdebatte hinausweist. Dieses Konzept hat der Sozialethiker und Münchener Erzbischof Reinhard Marx in seinem Buch *Das Kapital. Plädoyer für den Menschen* ausführlich dargelegt. Sozialstaat bedeutet danach nicht nur einen finanziellen Ausgleich im Sinne der klassischen Sozialpolitik, sondern die richtige Rahmenordnung, innerhalb derer alle Bürger und Bürgerinnen entsprechend ihrer Begabungen und eigenen Anstrengungen einen Platz in der Gesellschaft finden und an den Entwicklungen unserer Zeit teilhaben. In einem solchen Entwurf von Sozialstaat löst das Prinzip der Teilhabegerechtigkeit das Prinzip der Verteilungsgerechtigkeit ab, welches bei uns im Mittelpunkt der Gerechtigkeitsdebatte steht und das Ziel verfolgt, ein Höchstmaß an Gleichheit zu erwirken. Letzteres geschieht durch finanzielle Umverteilung auf Basis der monetären Solidarität der Stärkeren mit den Schwächeren. Der progressive Steuertarif ist dafür exemplarisch, aber auch in den Sozialsystemen gilt diese Maxime, wo beispielsweise Kinder in der Krankenversicherung der Eltern mitversichert sind. Als notwendiges Korrektiv innerhalb der Verteilungsgerechtigkeit fungiert bislang die Leistungsgerechtigkeit: Wenn diejenigen, die mit ihrer Kraft die finanziellen Ressourcen erarbeiten, nicht mehr die Hauptgewinner ihrer Anstrengungen sind, weil die Quote der Steuern und Abgaben für sie zu hoch angesetzt ist, wenn sie sich ausgebeutet fühlen, wird ihre Leistungskraft gelähmt und es werden Auswege gesucht, sich dieser Verteilungsgerechtigkeit zu entziehen. Deshalb wird es angesichts der mit viel Zündstoff geladenen Generationendebatte enorme geistige Anstrengungen kosten, die knifflige Aufgabe zu lösen, wie die künftige Lastenverteilung zwischen den Generationen fair gestaltet werden kann.

Ich plädiere dafür, dass in dieser Zeit die Teilhabegerechtigkeit als Politik der Chancengerechtigkeit im Mittelpunkt unserer Überlegungen und Entscheidungen stehen sollte. Chancengerechtigkeit für Schwache und Starke – ja, für beide. Chancengerechtigkeit für Schwache beruht auf der Maßgabe, dass bei vergleichbarer Begabung und vergleichbarer Anstrengungsbereitschaft auch die gleichen Chancen im Hinblick auf das Ergebnis gegeben sein müssen, unabhängig von sozialer Herkunft, Nationalität, finanzieller Ausstattung der Eltern. Sicherlich, die soziale Durchlässigkeit ist in den letzten Jahrzehnten ungleich größer geworden, jedoch gibt es weiterhin zu viele Barrieren, die ein Fortkommen der Schwachen behindern. Wir müssen dafür Sorge tragen, dass ein solcher sozialer Ansatz bereits in der Erziehung und bei der Bildung beginnt. Handicaps von Kindern, meistens bedingt durch ihre familiäre Situation, sollten möglichst früh erkannt und durch gezielte Förderung so weit wie möglich aufgefangen und aufgearbeitet und damit überwunden werden. Das wird nicht immer und oft nur bedingt gelingen, aber unzählige Beispiele belegen, dass das Hineingeborenwerden in eine bestimmte Lebenssituation den Lebensweg nicht unabänderlich vorprogrammiert. Kinder aus Familien, die über Generationen in

Abhängigkeit von staatlicher Fürsorge leben und sich dort vielleicht auch gut eingerichtet haben, können durchaus aus dem Milieu ausbrechen. Dazu bedarf es im Grunde zweierlei: zum einen der Einsicht, dass jeder Mensch grundsätzlich den Auftrag hat und in der Lage ist, seine Lebenssituation zum Besseren zu verändern und weiterzuentwickeln, und zum anderen des Angebots an entsprechender Hilfe und Begleitung. Eine Vielzahl solcher Anlaufstellen, die Unterstützung gewähren, hat der Staat in Partnerschaft mit freien Trägern finanziert, aber auch bürgerschaftliche Initiativen wie etwa das Schülercoaching durch Erwachsene, die ehrenamtlich benachteiligte Kinder oft über einige Jahre begleiten, möchte ich hier als Fluchtpunkte und Türöffner zu mehr Chancen hervorheben. In meinen Augen sind solche Initiativen wesentlich wertvoller und wichtiger für die Chancengerechtigkeit unter jungen Menschen als die Beurteilung der Qualität eines Bildungssystems nach der Zahl der Abiturienten. Doch auch hier gilt: Was der Einzelne zumutbar selbst leisten kann, muss er selbst verrichten. Der Schwächere und Hilfsbedürftige nimmt die Hilfe der Stärkeren nur in Anspruch, wenn seine eigenen Anstrengungen zur notwendigen Verbesserung der Lebenssituation nicht ausreichen. Die Eigenverantwortung hat also Vorrang vor der Solidarität. Dieser Grundsatz beinhaltet im Gegenzug ebenso, dass wir den Menschen solidarisch besonders verpflichtet sind, die sich durch Eigenanstrengung nicht selbst helfen können. Dies ist bei pflegebedürftigen Menschen oder bei Menschen mit schweren Behinderungen sowie bei Familie mit mehreren Kindern beispielsweise der Fall. Hier Unterstützung zu leisten, ist für den Leistungsstärkeren eine humane Verpflichtung.

Dass ich Chancengerechtigkeit auch für die Starken fordere, mag für viele ungewohnt, ja unverständlich sein. Die Begabteren, die Leistungsstärkeren haben aber ebenso wie die Schwächeren ein Recht darauf, dass sie zum Beispiel im Bildungssystem entsprechend ihrem Niveau gefordert und gefördert werden. Das ist schlichtweg ihr legitimer Anspruch auf Entwicklung und Entfaltung ihrer Persönlichkeit und es ist die Konsequenz aus dem verpflichtenden Grundsatz, die Würde der Menschen zu wahren, sprich aus dem Menschenbild, das keine Unterscheidung nach Kategorien wie »schwach« oder »stark«, »gesund« oder »krank« usw. kennt. Ein solcher gesellschaftspolitischer Kurs, der sich zum Ziel setzt, Chancen für alle zu gewähren, ist nicht nur in sich stimmig, was die Förderung des sozialen Zusammenhalts angeht, sondern wird auch der Notwendigkeit und dem Anspruch einer dynamischen Gesellschaft gerecht, die die Entwicklungen der Zeit aufnimmt, gestaltet und mit der wir im Wettbewerb der Völker und der Volkswirtschaften in Zukunft bestehen können.

Die neuen Wege des sozialen Miteinanders, die wir heute gehen müssen, manifestieren sich nicht nur in den Einstellungen und Verhaltensweisen der Menschen, sondern auch in konkreten sozialstaatlichen Strukturen. Diese entsprechend der demografischen Entwicklung zu gestalten, stellt eine besondere Aufgabe für unsere Gesellschaft dar. Das bislang stärkste soziale Netz, die Solidargemeinschaft der Familie und Verwandtschaft, wird zunehmend schwächer, die Lebenszeit immer länger. Der mobile Single von heute wird tendenziell der Einsame von morgen sein. Vorsorge für das Alter heißt künftig nicht nur finanzielle Vorsorge, sondern auch soziale Vorsorge durch die Pflege sozialer Beziehungen. Die tiefe Sehnsucht nach sozialer Geborgenheit und sozialer Sicherheit, die über finanzielle Sicherheit hinausgeht, bedarf deshalb innovativer Arten des Zusammenwirkens und Zusammenlebens in sozialen Gemeinschaften.

Ich glaube, dass eine zeitgemäße gesellschaftspolitische Strategie stark auf die Stärkung der kleinen Lebenskreise und der bürgerschaftlichen Initiativen ausgerichtet sein muss. Denn staatliches Handeln ist stark vom Verwaltungshandeln geprägt. Verwaltungen mit ihren Mechanismen der Entscheidung, der Zuteilung und der Kontrolle haben häufig größte Schwierigkeiten, sich auf diese kleinen, sich oft schnell ändernden Einheiten einzustellen. Dies gilt auch für weite Bereiche der traditionellen Politikstruktur. Genau in diesen Einheiten aber liegt die Zukunftschance für einen Sozialstaat, der sich durch eine lebendige Sozialkultur und durch das Zusammenwirken von persönlichem Verhalten, freiwilligem Engagement und neuen Formen der Kooperation in Netzwerkstrukturen auszeichnet. Für unsere Zukunft ist die Innovationskraft im Sozialen genauso wichtig wie die Innovationskraft im Bereich der Wissenschaft, der Technik und der Ökonomie – sie ist der Wegbereiter zu einer humanen Zukunft.

»Aktive Bürgergesellschaft« – die starke Kraft von unten

Bürgerschaftliches Engagement und ehrenamtliche Tätigkeit sind in den letzten Jahren wieder ein öffentliches Thema geworden. Die ARD hat im Mai 2009 sogar eine ganze Themenwoche unter dem Motto »Ist doch Ehrensache« der Vielfalt ehrenamtlichen Engagements gewidmet. Dass es sich dabei nicht um ein Minderheitenprojekt handelt, legen diverse Untersuchungen dar. Über 23 Millionen Menschen in Deutschland engagieren sich in irgendeiner Weise ehrenamtlich, also freiwillig in unterschiedlichsten Einrichtungen, Initiativen und Vereinen und beleben so das Gesellschaftsbild unserer Zeit.

Blickt man zurück in die Nachkriegszeit, verkörperte das Bürgertum eine konservativ-rechtschaffene Mittelschicht, die Werte wie Ordnung, Stabilität, Fleiß, Disziplin und Autorität im Privaten wie im Öffentlichen pries und pflegte. All das war der 68er-Generation ein Dorn im Auge. Ihr Protest richtete sich gegen dieses Tugendverständnis und dessen Vertreter. Bürger und Bürgertum wurden diskreditiert und die zugrundeliegenden Ideale herabgewürdigt. Mit einer betont antibürgerlichen Haltung revoltierte man gegen den Staat, dessen Autorität man nicht mehr länger akzeptieren und mit dem sich vor allem Teile der jüngeren Generation nicht mehr identifizieren wollte. Diese ablehnende Grundhaltung durchzieht, anbei bemerkt, unsere Gesellschaft bis heute. Oskar Lafontaine zum Beispiel ließ sich 1982 in einem Interview über Tugenden wie Pflichtgefühl, Berechenbarkeit und Disziplin zu der provokativen Äußerung – sie war auf seinen damaligen innerparteilichen Kontrahenten Helmut Schmidt gemünzt – hinreißen, dass dies »Sekundärtugenden« seien, mit denen »man auch ein KZ betreiben könnte«.

Doch zurück zu den 68ern. Die Auflehnung gegen bürgerliche Haltung sowie Anforderungen des Gemeinwesens an den Einzelnen war die eine Seite der Medaille, die andere die nahezu unbegrenzte Erwartung an einen allumfassenden Wohlfahrtsstaat. Diese zweigleisige Entwicklung wurde aus einer anderen Perspektive nochmals verstärkt. In der ab 1969 regierenden sozialliberalen Koalition setzte die SPD immer mehr ihr Leitbild des Wohlfahrtsstaates im Sinne eines universellen Fürsorge- oder Versorgungsstaates durch. Das Ergebnis: Eigenverantwortung und persönliche Verantwortlichkeit für den anderen, Solidarität in familiären Strukturen und in kleinen Lebenskreisen wurden als Beengung empfunden. Sie zu stärken war nicht mehr Ziel und Aufgabe der Politik. Das Gegenteil wurde Programm: deren Schwächung und Abwertung.

In den vergangenen Jahren haben wir jedoch immer drastischer die Grenzen dessen, was der Staat leisten kann, zu spüren bekommen, nicht nur im finanziellen Hinblick, sondern auch bezüglich seiner Möglichkeiten, eine humane Gesellschaft zu gestalten. Aus ebendiesen Defiziten wuchs bei den Bürgern und Bürgerinnen, die bestimmte Missstände nicht länger tatenlos erdulden wollten, der Antrieb, selbst die Initiative zu ergreifen. Ihr altruistischer Einsatz und ihre Bereitschaft, für das Gemeinwohl Verantwortung zu übernehmen, tragen maßgeblich zur inneren Lebendigkeit und Stabilität der Gesellschaft und des Staates bei. Diese Tatsache wird in diktatorisch geführten Staaten leider verkannt. Dort sind freie gesellschaftliche Initiativen, die der Staat nicht unter Kontrolle halten kann, unerwünscht. Sie werden blockiert und bekämpft, was dazu führt, dass beispielsweise in postkommunistischen Ländern der Sinn für bürgerschaftliches Engagement erst heranreifen muss. Doch eine Staatsorganisation und – schon etwas schwieriger – eine Volkswirtschaft lassen sich nicht binnen weniger Jahre umorganisieren. Der Reifeprozess in der Gesellschaft hin zu einem konstruktiven Miteinander braucht Zeit und vor allem Menschen, die sich für das Gemeinwesen mitverantwortlich fühlen.

Als »Import« aus dem Osten haben demokratische Gesellschaften aber bereits zu Zeiten der Diktaturen den Begriff der »Zivilgesellschaft« übernommen. Verstand man dort darunter einen quasi staatsfreien Raum, der sich gegen die umfassende Reglementierung des gesellschaftlichen und privaten Lebens durch den Staat richtete, verband man im Westen damit die politische Forderung nach einer weitgehenden Demokratisierung der Gesellschaft mit Partizipation aller Bürgerinnen und Bürger an politischen Entscheidungen.

Unsere Aufgabe heute sehe ich darin, die Idee der Zivilgesellschaft unter unseren Bedingungen zu dem Konzept der »Aktiven Bürgergesellschaft« umzugestalten und weiterzuentwickeln. In der Zivilgesellschaft ursprünglichen Sinns sind der öffentliche Bereich, der Staat, und der gesellschaftlich-private Bereich der Bürger nicht nur voneinander getrennt, sondern sie stehen sich in Polarität gegenüber. Aufgaben, die durch staatliche Institutionen nicht oder nur ungenügend erfüllt werden, übernimmt hier die Zivilgesellschaft – nicht selten in der Funktion des »Lückenbüßers«. Anders das Konzept der »Aktiven Bürgergesellschaft«. Es basiert auf der Mitverantwortlichkeit und Teilhabe der Bürger und Bürgerinnen am demokratischen Meinungsbildungsprozess des Staatswesens und versteht sich als ordnungspolitischer Entwurf, der die Verantwortungsgemeinschaft von Bürger und Staat neu ausbalanciert. Denn was wir brauchen, ist eine Synthese aus Selbstorganisation der Bürger in ihren Lebenskreisen einerseits und staatsbürgerlichem Engagement andererseits. Der Bürger soll sich unabhängig von gesellschaftlichen Zuordnungen und Status aktiv in öffentliche Angelegenheiten einbringen und einmischen, er soll bereit sein, Verantwortung an der Gestaltung seiner ihm umgebenden Lebenswelt zu übernehmen – und dies stets aus freiheitlichem Entschluss und im Anspruch auf Selbstbestimmung.

Ein erster, bedeutender Schritt in diese Richtung stellt sicherlich das Ehrenamt als klassische Form des bürgerschaftlichen Engagements dar. Bei all seiner Wertschätzung in breiten Gesellschaftskreisen und bei Verantwortlichen in Staat und Politik ist vielen Menschen kaum bewusst, welche immense Bedeutung dieses freiwillige Bürgerengagement für unsere Lebensqualität hat. Dessen wird man sich schnell gewahr, wenn man das eigentlich Undenkbare denkt und sich einmal mit allen Konsequenzen geistig ausmalt, wie das Leben am eigenen Ort, im eigenen Lebensumfeld aussähe, wenn es all das, was durch engagierte Bürger organisiert und geleistet wird, nicht mehr gäbe: keine freiwillige Feuerwehr, keine Sanitätsgruppe, kein Sportverein, kein Traditionsverein, keine Eltern-Kind-Initiative usw. Und wer in seiner Heimatzeitung aufmerksam die Berichte über die Jahresversammlungen der Vereine liest, wird registrieren müssen, dass es gar nicht so selbstverständlich ist, dass diese Gemeinschaften und Vereine auch morgen und übermorgen noch existieren, da sich bei Vorstandswahlen immer weniger Menschen finden, die diese Aufgaben übernehmen wollen. In der Vergangenheit sind derartige Engagements in guter Tradition weitergegeben worden, heute jedoch bedarf dies bewusster Förderung und Unterstützung. Es wäre verfehlt zu behaupten, dass die Menschen früher idealistischer waren, doch bedeutete die Wahl zur Vorsitzenden oder zum Vorsitzenden eines Vereins oder zum Mitglied eines Vorstands früher ein Stück weit soziale Anerkennung und Aufstieg. Heute fühlt sich mancher Engagierter eher als ausgenutzter »Dummer«, der viel Zeit und Kraft in eine Sache investiert, ohne ausreichend Anerkennung dafür zu bekommen. Da fällt die Eigenmotivation schon manchmal schwer. Zudem herrscht allgemein große Verwirrung darüber, wo die Verantwortlichkeiten des Staates enden und wo das bürgerschaftliche Engagement beginnen muss. Exemplarisch dafür sind die immer wieder auftauchenden Veröffentlichungen von Verbänden, in denen aufgerechnet wird, welch immense Summen an Geld sich der Staat dank der ehrenamtlichen Arbeit der Mitglieder spart. Diese Denkweise offenbart, dass man still davon ausgeht, dass die Aufgaben, die Ehrenamtliche und Vereine leisten, doch eigentlich Aufgaben des Staates wären. Als wäre der Staat zuständig für die Organisation des Sports, des Kulturbetriebs, der Traditionspflege und so weiter! Im Kern handelt es sich hier – und das möchte ich betonen – um die ureigensten Angelegenheiten der Bürgerinnen und Bürger selbst, die sich im Sinne der Selbstorganisation ihr gesellschaftliches Leben eigenständig gestalten sollen.

Es bleibt also noch viel zu tun, bis das bürgerschaftliche Engagement den Stellenwert in der Gesellschaft erreicht hat, den es haben sollte. Zweifelsohne bedarf es dazu einer entsprechenden Anerkennungskultur als Grundvoraussetzung für eine bleibende Bereitschaft der Bürger, sich gemeinnützig einzubringen. Die politisch Verantwortlichen müssen einsehen lernen, dass Ehrenamt nicht nur ein Thema für Feste und Festreden ist. Sie müssen erkennen, dass es ihm zu verdanken ist, dass über unterschiedlichste Aktivitäten in diversen Gemeinschaften Menschen zusammengeführt werden und auf diese Weise soziale Kontakte entstehen, die unser Leben reicher, lebendiger und vor allem unsere Gesellschaft beständiger machen. Wo ein lebendiges Gemeinschaftsleben herrscht, gibt es weniger Einsame, ist die Gefahr, dass Jugendliche in die Fänge radikaler Gruppen abrutschen, wesentlich geringer. Die Förderung des Gemeinschaftslebens ist somit eine der wirksamsten Investitionen in die soziale Stabilität und in die soziokulturelle Vielfalt einer Gesellschaft.

Eine besondere Aufgabe in diesem Zusammenhang wird es heutzutage sein, neue soziale Netzwerke als Ausgleich zur schwindenden Kraft der sozialen Netze von Familien, Großfamilien und Verwandtschaft zu fördern. Im Hinblick auf die demografische Entwicklung sehe ich gerade für ältere Menschen darin die einzige Chance, ihnen den Weg in die Vereinsamung zu ersparen, und die humane Möglichkeit, so lange es die Kräfte irgendwie erlauben, im sozialen Kontakt zu bleiben. Für junge Familien können neuartige »Familiennetzwerke« und Strukturen der wechselseitigen und generationenübergreifenden Hilfe dazu führen, dass sich viele Alltagsprobleme und -situationen besser meistern lassen, haben doch wissenschaftliche Untersuchungen ergeben, dass das Ja zu Kindern bei jungen Paaren ganz wesentlich davon beeinflusst wird, ob zum Beispiel Eltern oder andere Bezugspersonen in der Nähe sind, die unterstützend tätig sein können. Da aufgrund der Wechselwirkung von steigender Mobilität und veränderten Altersstrukturen diese Rolle immer weniger von eigenen Familienangehörigen ausgefüllt werden wird, gilt es, alternative Beziehungsgeflechte zu fördern, die dieses Defizit in Zukunft abfedern können. Es gibt im Übrigen kaum einen Lebens- und Aufgabenbereich in unserer Gesellschaft, in dem nicht eine innovative Idee von Selbstorganisation Realität geworden ist. Ich denke dabei an Einrichtungen wie Kriseninterventionsteams, Hospizvereine und Freiwilligenagenturen, in denen die Dienste ehrenamtlicher Helfer an Hilfesuchende vermittelt werden. Doch bis jetzt treten solche Initiativen noch punktuell auf. Unser Ziel sollte es sein, sie aus dem Inselstatus zu lösen und zu einer flächendeckenden gesellschaftlichen Struktur zu formen, wohl wissend, dass veränderte Gesellschaftsstrukturen und Mentalitäten neue Angebotsformen brauchen.

Aber nicht nur aus dem soziokulturellem Bereich gibt es Neues über bürgerschaftliches Engagement zu berichten.

Auch in der Wirtschaftswelt entstehen Initiativen, die wegweisend sind. Beispiel dafür sind die Regionalvermarktung landwirtschaftlicher Produkte, welche eine engere Verbindung von Erzeuger und Verbraucher gewährleistet, die Nutzung lokaler und regionaler Energiekapazitäten oder das Knüpfen von Wertschöpfungsketten durch regionale Zusammenschlüsse. Viele Situationen zeigen, dass die Politik mit dieser neuen Form von engagierter Bürgerschaft meist schwer zurechtkommt. Sie verkennt, dass die Menschen nicht mehr nur bei feierlichen Anlässen mehr oder minder gönnerhaft oder auch mit entsprechender Ernsthaftigkeit gelobt werden wollen, sondern den Anspruch auf Teilhabe und Mitwirkung erheben. Die von Politikern häufig gebrauchte Formulierung »Die Menschen mitnehmen« empfinden sie als abwertend, nicht ihrem Selbstverständnis entsprechend. Sie wollen nicht wie unmündige Kinder an die Hand genommen werden, sie wollen mitbestimmen. In diesen bürgerschaftlichen Gruppen schlummert das innovative Potenzial unseres Landes. Das sind genau die Bürgerinnen und Bürger, die wir uns – zumindest theoretisch und so lange sie nicht unbequem sind – wünschen, ja fordern.

Der erforderliche Paradigmenwechsel besteht darin, dass sich die Mitwirkung der Bürger nicht auf Bürgerentscheide über Beschlüsse der Politik begrenzt. Der notwendige Weg ist die Beteiligung der Bürger bei der Entwicklung von Projekten und Entscheidungen, damit sie ihre Kompetenz und Anliegen konstruktiv einbringen können. Dies erfordert ein anderes Politikverständnis und vor allem andere Führungsstile, die mit Methodiken der Kooperation und der Beteiligung vertraut sind. Dazu gehört auch, dass die Verteilung der Verantwortlichkeiten klar definiert ist, um von vornherein Missverständnisse zu vermeiden. Viele Agenda-21-Prozesse sind daran gescheitert, dass die politische Ebene und die Verwaltungen mit den Arbeitsweisen dieser Initiativgruppen nicht zurechtkamen und diese wiederum glaubten, ihre Ergebnisse müssten ganz selbstverständlich von den verantwortlichen politischen Gremien übernommen werden. Die Verantwortung für die Entscheidung aber kann nur bei denen liegen, die gegenüber den Bürgern rechenschaftspflichtig sind – und das sind die gewählten Mandatsträgerinnen und Mandatsträger. Das ist vor allem deshalb sinnvoll, weil das Engagement in diversen Arbeitsgruppen freiwillig ist und ohne besondere Rechenschaftspflicht auch morgen beendet werden kann. Engagement besitzt hier nicht denselben Grad an Verbindlichkeit. Wenn daraus jedoch von den Verantwortlichen die fatale Schlussfolgerung »Lasst sie ruhig reden, wir entscheiden dann schon« gezogen wird, ist die Frustration und der Rückzug der Freiwilligen immer in Sichtweite.

Da es beim bürgerschaftlichen Engagement in aller Regel um Aufgaben im eigenen Lebensumfeld geht, steht insbesondere die Kommunalpolitik in der Bringschuld, diese Veränderungen angesichts des Wandels im Rollenverständnis aktiv zu gestalten, zumal in Deutschland die kommunale Selbstverwaltung besonders ausgeprägt und rechtlich abgesichert ist. Das Vorbild zeitgemäßer Kommunalpolitik ist dabei das Leitbild der »Bürgerkommune«. Heribert Thallmair, Ehrenpräsident des Bayerischen Gemeindetags und langjähriger Bürgermeister, versteht unter Kommune ein ganzheitliches System von Bürger und Gemeinde. »Wenn man genau hinschaut, besinnt sich die Gemeinde auf ihre eigentlichen Wurzeln: Schon im Wort Gemeinde steckt das Wort gemeinsam, die Integration der Bürger und aller gesellschaftlichen Gruppierungen in der Kommune« (aus: Alois Glück / Holger Magel (Hrsg.), *Neue Wege in der Kommunalpolitik*). Mit dieser Definition setzt sich Thallmair bewusst von dem Selbstverständnis der Kommunalpolitik in der Vergangenheit ab. Bis in die 1980er-Jahre war nämlich behördliches und kommunales Tätigsein geprägt von der Idee eines Obhut- und Obrigkeitsdenkens. Die Gemeinde stellte sich gleichsam als übergeordnete Instanz dar, die für ihre Bürger sorgte und sie beschützte. In den folgenden Jahren wandelte sich allmählich diese Sichtweise. Die Gemeinden sahen sich mehr und mehr als Dienstleister, die sozusagen die Bedürfnisse ihrer Kunden befriedigten. In diesem Sinne haben viele Städte und Gemeinden begonnen, ihre Binnenstruktur zu optimieren und ihr Verwaltungshandeln effizienter zu gestalten. Aber auch dieses Verständnis von Kommunalpolitik begreift Gemeinde und Bürger als zwei verschiedene, sich gegenübertretende Instanzen, während das Ideal der Bürgerkommune die verbindende Gemeinschaftlichkeit als essenzielles Wesensmerkmal einer Kommune hervorhebt. Dieses Verständnis ist von außerordentlicher Bedeutung für die Demokratie schlechthin. Denn demzufolge ist die Förderung des bürgerschaftlichen Engagements nicht nur eine Herausforderung zur Zusammenarbeit von Bürger und Politik, von Bürger und Staatsverwaltung, sondern in der Folge auch eine der wirksamsten Antworten auf Politik- und Staatsverdrossenheit. Keiner kann sich mehr rein ins Private zurückziehen und sich hinter Passivität verschanzen, welche zwangsläufig zu Lähmung, Stillstand und Kollaps führt. Vitalität, Dynamik und Stabilität dagegen sind Ausdruck der »Aktiven Bürgergesellschaft«.

Wir brauchen den starken Staat

Der Ruf nach dem starken Staat ist im Zuge der Finanz- und Wirtschaftskrise häufig laut geworden, allerdings verbinden sich damit ganz unterschiedliche Vorstellungen. Führte man auf der Straße eine Umfrage durch, würden die befragten Personen vermutlich diverse Zuwendungen des Staates, sei es im sozialen, im bildungspolitischen oder in einem anderen Bereich als die wichtigsten Aufgaben des Staates aufzählen. Dabei wird jedoch verkannt, dass die Qualität des Staates sich nicht in der Summe seiner Zuwendungen an die Bürger zeigt, sondern in den Chancen der Menschen für ein Leben in Freiheit und Verantwortung und in einer Sicherheit, die verantwortliche Lebensgestaltung erst möglich macht. Welche Bedeutung ein durchsetzungsfähiger und intakter Rechtsstaat hat, wird einem angesichts der Situation rechtloser Menschen in weiten Teilen der Welt schnell bewusst. Die wichtigste Aufgabe des Staates ist somit die Sicherung von Frieden und Freiheit. Denn Frieden nach innen und außen ist Voraussetzung für ein Leben in Wohlstand und Freiheit. Aufgrund der Wertbindung unserer freiheitlich-demokratischen Verfassung muss der deutsche Staat dafür einen verbindlichen Ordnungsrahmen für den Einzelnen, die Gesellschaft, das Wirtschaftsleben und die Politik gewährleisten, einen gerechten Ausgleich der Interessen gestalten und das Gemeinwohl gegen Einzel- und Gruppeninteressen durchsetzen.

Gerade in dieser Zeit hat der Staat infolge der inneren Entwicklung unserer Gesellschaft und der internationalen Umstände wichtige Lenkungsaufgaben für die innere und äußere Sicherheit wahrzunehmen. Unser Staat ist die Rechts- und

Friedensordnung einer Gesellschaft freier verantwortlicher Bürger. Die Bürger sind aber nur dann frei, wenn sie in Sicherheit leben können. Bürgerrechte und Bürgerfreiheiten müssen vor Gewalt, Kriminalität, Rechtsbruch und Radikalismus geschützt werden. Nur ein handlungsfähiger, wehrhafter Staat kann für Liberalität und Freiheit einstehen. Sicherheit wird damit zum sozialen Grundrecht. Von daher ist eine präzise ordnungspolitische Debatte darüber notwendig, wie der Staat seine Aufgaben bezüglich der Daseins- und Zukunftsvorsorge am besten zu erfüllen hat. Es geht dabei um Fragestellungen im Bereich der Infrastruktur des Landes, um Bildung und Forschung, Soziales und Kultur, um den Ordnungsrahmen für ein vernünftiges Wirtschaftsleben und den Schutz der Umwelt. Zu diesen Aufgaben zählen aber auch die staatsbürgerliche Bildung und die Vermittlung der Wertegrundlagen unserer freiheitlichen Staatsordnung – eine Angelegenheit, die in einer offenen, pluralistischen Gesellschaft von besonders großer Bedeutung ist.

Die Kernfrage all dieser Bemühungen lautet: Welche dieser Aufgaben sind vom Staat selbst zu erledigen und welche sollen von gesellschaftlichen Initiativen und Gruppen, von wirtschaftlichen Unternehmen übernommen werden? Prinzipiell muss gelten, dass der Staat für alle Aufgaben von öffentlichem Interesse, für die er letztlich verantwortlich zeichnet, die Ziele, die Qualitätsstandards, das Regelwerk festzulegen hat, sofern er andere mit den Aufgaben beauftragt. Zudem obliegt es dem Staat, dafür Sorge zu tragen, dass diese Aufgaben auch tatsächlich erfüllt werden. Im Notfall muss er deren Realisierung sogar durchsetzen können. Auf der anderen Seite darf die Delegierung der Aufgaben an die öffentliche Hand nicht zur Regel werden. Kräften, welche die Verantwortlichkeit des Staates immer für die beste aller Lösungen halten, muss ganz entschieden widerstanden werden. Denn im Grunde steht, vor allem auch im Interesse der Bürger, doch immer ein

Aspekt im Vordergrund: Mit welcher Verteilung der Aufgaben und der Verantwortung erreichen wir den wirksamsten Einsatz der Mittel und die beste Qualität? Beziehen wir das Leitbild der »Aktiven Bürgerschaft« in diese Überlegungen ein, ließe sich die gestellte Kernfrage auch anders formulieren: Wie muss unter Maßgabe der bürgerschaftlichen Selbstorganisation die Aufgabenverteilung zwischen Staat und Bürger gestaltet werden – wie innerhalb der staatlichen Ebenen der Kommunen, der Bundesländer, Gesamtdeutschlands und Europas –, dass bestmögliche Ergebnisse erzielt werden können? Meine Antwort lautet: Die Verteilung der Aufgaben muss allein auf Basis des freien Wettbewerbs der Ideen und Initiativen geschehen. Wo dies nicht möglich ist, weil es Monopole durch den Staat oder durch die Dominanz einzelner Firmen oder Firmengruppen gibt, werden wir regelmäßig mit Stagnation und sinkenden Leistungen konfrontiert. Zudem gilt es, den Schutz der jeweiligen Ebene gegen schädliche Eingriffe von oben zu gewährleisten. So darf beispielsweise die in Deutschland besonders ausgeprägte kommunale Selbstverwaltung und damit Selbstverwaltung der Bürger zu keinem Moment von europäischen Regelungen zu ihrem Nachteil fremdbestimmt werden. Auch gilt es zu berücksichtigen, dass bürgerschaftliche Initiativen, etwa im sozialen Bereich, nicht nur unter ökonomischen Wettbewerbsbedingungen zu bewerten sind. Vielmehr muss auch deren »gesellschaftliche Mehrwert«, der durch das Engagement aktiver und verantwortungsbereiter Bürger entsteht, beachtet werden. Der beste Kompass bei der Lösung dieser Fragestellung ist deshalb auch hier das Subsidiaritätsprinzip. In seiner Entfaltung als Verantwortungsprinzip und Strukturprinzip für die ordnungspolitische Aufgabenverteilung zwischen Bürger und Staat wird es dem Anspruch eines ausgewogenen Verhältnisses von Pflicht und Freiheit in jeder Hinsicht gerecht.

Familienpolitik ist Zukunftspolitik und Gemeinschaftsaufgabe

Die gemeinsame Verantwortung von Politik und Wirtschaft für die Zukunft Deutschlands« lautete das Thema einer Veranstaltung dreier großer Konzerne, der auch ich beiwohnte. Viel war die Rede von notwendigen Innovationen und dringenden Kurskorrekturen der Politik für die Wirtschaft, doch zu den Auswirkungen der geringen Kinderzahl und der damit verbundenen Zukunftsperspektiven für unser Land fiel kein Wort. Auf einen entsprechenden Hinweis meinerseits reagierten die Manager eher erstaunt. Familienpolitik, das sei doch nicht ihr Thema. Familienpolitik sei Sozialpolitik – und Sozialpolitik koste nur Geld. Erst allmählich erschloss sich den Führungskräften aus der Wirtschaft in einer anschließenden Diskussion, dass die Bedingungen der Arbeitswelt die Lebensbedingungen von Familien entscheidend prägen und die Vereinbarkeit von Beruf und Familie für viele junge Menschen ausschlaggebend ist für ihre Entscheidung, Kinder zu haben.

Auch wenn die familienpolitische Debatte in den letzten Jahren in der Öffentlichkeit und Politik einen neuen Stellenwert bekommen hat, am Trend der niedrigen Geburtenrate scheint dies wenig zu ändern. Seit Beginn der 1970er-Jahre verzeichnen wir in Deutschland mehr Todesfälle als Geburten. Von 1970 bis 1990, dem Zeitpunkt der Wiedervereinigung, lag in Deutschland die Zahl der Sterbefälle um 1,8 Millionen höher als die der Geburten, bezogen auf die deutsche Bevölkerung sogar um 3,2 Millionen. Es gibt die unterschiedlichsten Erklärungen und Spekulationen darüber, warum dies so ist und welche Maßnahmen diese Tendenz beeinflussen könnten. Gemeinhin wird kaum mehr bestritten, dass eine bessere finanzielle Förderung der Familien und ein bedarfsgerechter Ausbau außerhäuslicher Betreuungsangebote wichtig sind. Die Ursachen für diese anhaltend negative Entwicklung aber müssen, so meine ich, tiefer liegen und umfassender sein.

Mit Blick auf Frankreich, das eine wesentlich höhere Geburtenrate vorweisen kann, wird immer wieder das Argument eines besser ausgebauten Angebots an außerhäuslichen Betreuungseinrichtungen als Erklärung herangezogen. Das mag sicherlich auch zutreffen, doch für entscheidender halte ich die Tatsache, dass in verschiedenen Umfragen etwa 70 Prozent der Franzosen ihre Gesellschaft als familienfreundlich einstufen, während nur 25 Prozent der Deutschen das von ihrem eigenen Land behaupten. Aber wahrscheinlich greift auch eine derartige Gegenüberstellung des Gesellschaftsklimas nach den Kriterien »kinderfeindlich« beziehungsweise »kinderfreundlich« als Begründung zu kurz, wenn man bedenkt, dass die besonders kinderfreundlich erscheinenden romanischen Gesellschaften, vor allem Italien und Spanien, eine noch niedrigere Geburtenrate aufweisen als Deutschland. Was also könnte der Grund für den Kindermangel sein? Der Sozialwissenschaftler Meinhard Miegel verortet die Ursache im Wesenskern einer individualistischen Wohlstandsgesellschaft. »Sie öffnet breitesten Schichten Möglichkeiten, denen gegenüber die Option, Kinder großzuziehen, häufig wenig verlockend erscheint. Das aber bedeutet, dass die Kinderarmut anhalten wird, so lange diese von der großen Bevölkerungsmehrheit als tief verinnerlichte Gesellschaftsform bestehen bleibt. So lange ist ein dauerhafter Wiederanstieg der Geburtenrate unwahrscheinlich. Wahrscheinlicher ist ihr weiterer Rückgang« (*Die deformierte Gesellschaft*). Diese Entwicklung könne auch durch zusätzliche Betreuungs- und Kindergartenplätze oder finanzielle Förderung von Familien nicht entscheidend beeinflusst werden. Der Sozialwissenschaftler Horst W. Opaschowski kommt in seinen langjährigen Studien zur gleichen Schlussfolgerung wie Miegel. Freizeit, Freiheit und Wohlstand bestimmten demnach in entscheidendem Maße den Lebensstil junger Paare. Für 60 Prozent der untersuchten Paare gelte als Lebensmotto »Kind nach Konsum«. Diese Generation sei in Wohlstandszeiten aufgewachsen und von einer Lebensphilosophie geprägt, die persönliche Freiheit, Freizeit und finanzielle Besserstellungen den Freuden und auch Sorgen, die Kinder mit sich bringen, vorzieht. Infolgedessen könne vorerst auch kein starkes Ansteigen der Kinderzahlen bei den jungen Familien erwartet werden. Jedenfalls nicht, so lange der Erlebniskonsum die Lebensgestaltung entscheidend präge. Auf den Attraktivitätsverlauf von Ehe und Familie, so Opaschowski in *Was uns zusammenhält*, üben mittlerweile Freizeitinteressen einen genauso großen Einfluss aus wie berufliche Interessen. Die Angst vor dem »Karriereknick« ist manchmal nur vorgeschoben. Als Hauptgrund, warum junge Menschen nicht heiraten und eine Familie gründen wollen, gaben die 18- bis 24-Jährigen im Jahr 2008 in einer weiteren Untersuchung von Opaschowski an: »Sie wollen ihre Freizeit genießen und auf nichts verzichten« (35 Prozent der Befragten), erst danach folgte das Argument »Sie halten Arbeit und Beruf für wichtiger als Ehe und Familie« (33 Prozent).

In aktuellen Studien kommt Opaschowski jedoch zu dem Ergebnis, dass allmählich eine Trendumkehr, ein Wertewandel im Gange ist. Die Ergebnisse der regelmäßigen Shell-Jugendstudien zeigen, dass die Familienorientierung der Jugendlichen zunimmt. In der 15. Shell-Jugendstudie (2006) sagen 72 Prozent, man brauche eine Familie, um glücklich leben zu können. 69 Prozent der Mädchen und 57 Prozent der Jungen wünschen sich Kinder. Und manch anderes Indiz deutet heute darauf hin, dass die Menschen in Krisenzeiten die

Bedeutung der Gemeinschaft und des familiären Zusammen-
haltes allmählich neu zu schätzen lernen.

»Familie« ist ein Sammelbegriff für sehr unterschiedliche
Lebenssituationen. Ihnen allen ist gemein, dass das Thema
»Familie« für die Zeit des ganzen Lebensweges Aktualität besitzt. Und für alle Lebensphasen gilt: Die Entwicklung der
Familie, die Kinderzahl und auch die Situation der Alten im
Verbund der Generationen ist das Ergebnis unserer Lebenskultur und unserer Wertvorstellungen. Wenn Kinder und Familien
gegenüber den materiellen Werten eher nachrangig sind, heißt
das, dass die Bedingungen der Freizeit und der Arbeitswelt die
Bedürfnisse der Familien dominieren. Wenn wir diese Priorità-
ten verändern wollen, werden wir die Arbeitswelt und den ganzen Alltag stärker auf die Bedürfnisse der Familien, der Kinder,
der Eltern und der Alten ausrichten müssen. Damit dies gelingt,
müssen neue Wege beschritten und neue Möglichkeiten der
Lebensgestaltung entdeckt werden.

Dieser Prioritätenwandel setzt aber zugleich voraus, dass wir
der Bedeutung der Familie für den Menschen und für die
gesellschaftliche Entwicklung einen entsprechend hohen Stellenwert einräumen. In der Familie suchen und finden Menschen Liebe, Geborgenheit und gegenseitige Hilfe. Familie
und Kinder bedeuten für die meisten Menschen Freude,
Glück und Zusammenhalt. Die Familie ist der Ort, wo Erfahrungen von Generation zu Generation weitergegeben werden.
Sie hat vielfältige Gesichter – Partner, Eltern, Kinder, Kindes-
kinder, Geschwister, Großeltern, betreuungsbedürftige Ange-
hörige. Selbst wenn sie räumlich getrennt sind, halten Familien in ihrer überwältigenden Mehrheit zusammen und übernehmen gegenseitige Verantwortung und Fürsorge.

Kinder ins Leben zu begleiten, gehört zu den wertvollsten
Erfahrungen eines Menschen. Kinder erleben in der Familie
Grundregeln des Zusammenlebens, die Werte von Kultur und
Religion, von Gemeinschaft in Freude und Leid. Was es heißt,

in auf Dauer gültigen Bindungen aufgehoben, durchsetzungs- und teamfähig zu sein, lernen sie in erster Linie durch die eigene Familie. Das alles sind Erkenntnisse, die für eine vitale und solidarische Gesellschaft unersetzlich sind.

Sicherlich haben sich die Familienstrukturen und das familiäre Zusammenleben über die Jahrhunderte und gerade in den letzten Jahrzehnten weiterentwickelt. Gesellschaftliche Leitbilder in Bezug auf Partnerschaft von Mann und Frau in der Ehe, Gleichberechtigung, Kindererziehung und das Miteinander der Generationen unterliegen einem stetigen Wandel. Doch trotz aller Veränderungen gilt bis heute, dass Familie das stärkste soziale Netz unserer Gesellschaft ist.

Wo Kinder sind, da ist Leben und Vitalität. Auch für die soziale Sicherung und die ökonomische Zukunft unseres Landes spielen Familien mit Kindern eine Schlüsselrolle. Ohne sie bricht dem Generationenvertrag als auch unserer Wirtschaft die Grundlage von morgen weg. Kinder sind die Voraussetzung für eine zukunftsfähige Gesellschaft. Familienfreundliche Bedingungen zu schaffen ist deshalb die wichtigste Gemeinschaftsaufgabe der Politik und der Gesellschaft. Das Thema »Eltern und Kinder« muss in der Politik Vorrang vor anderen Interessen haben, wobei eine gewissenhafte Familienpolitik den Grundsatz befolgen sollte, die Freiheit der Bürger zu achten, den vielfältigen Lebenswegen gerecht zu werden und dabei der Verbindung von Ehe und Familie als Ausdruck der verbindlichsten Form der Verantwortungsgemeinschaft einen besonderen Stellenwert zu geben. Schließlich ist der Familie nach dem Grundgesetz (Art. 6) ein besonderer Schutz des Staates zugesprochen.

Die Fürsorge des Staates darf allerdings nicht so weit gehen, dass sich Eltern bevormundet fühlen. Die Politik soll sie nur bestmöglich unterstützen, während die Wahrung elterlicher Rechte und Pflichten jedem staatlichen Handeln vorzuziehen ist. Eine Einmischung ist nur dann gerechtfertigt, wenn sich

Eltern den erzieherischen Aufgaben weitgehend verweigern und Kinder gefährdet sind. In solchen Fällen muss nach sorgfältiger Abwägung der Fakten und Optionen gegebenenfalls der Staat zum Wohle des Kindes eingreifen. Notwendige Hilfe im Einzelfall darf jedoch kein Grund für eine generelle Einschränkung der Elternrechte werden, das sträfliche Verhalten einer kleinen Minderheit nicht zum Argument für eine staatliche Einmischung und Bevormundung aller sein.

Bessere Lebensbedingungen für Kinder, Eltern und dem gesamten Generationenverbund der Familie zu schaffen, ist aber nicht nur eine staatliche Aufgabe. Da in unserer freien Gesellschaft Eigenverantwortung und damit die Rechte und Pflichten im privaten Lebenskreis Priorität besitzen, sind vor allem auch private und bürgerschaftliche Initiativen im Sinne der Selbsthilfe und der Selbstorganisation aufgerufen, an der Gestaltung mitzuwirken – mit subsidiärer Unterstützung des Staates dort, wo die eigene Anstrengung nicht ausreicht, zum Ziel zu gelangen. Denn die größte Innovationskraft liegt nach wie vor bei den Menschen selbst, bei den kleinen Lebenskreisen. Vor allem auf kommunaler Ebene sind solche Initiativen wichtig. Sie sind der beste Weg, Situationen zu überwinden, die als »strukturelle Rücksichtslosigkeiten« unserer Alltagswelt gegenüber Kindern und Familien bezeichnet werden.

Nehmen wir uns in Sachen Familienpolitik den Umweltschutz zum Vorbild. Er ist eine Querschnittsaufgabe, das heißt, er ist eine Aufgabe, die alle Planungsbereiche und Realisierungsebenen von Projekten durchzieht. Nicht mehr nachsorgende Reparatur steht heute im Mittelpunkt der Ökologiebewegung, sondern die Beachtung des Umweltschutzes bereits am Beginn von Planungen. Ein Beispiel aus der Kommunalpolitik soll dies verdeutlichen: Wenn im Gemeinde- oder Stadtrat über ein neues Baugebiet diskutiert wird, spielt bereits von Anfang an die Überlegung eine entscheidende Rolle, ob das Vorhaben auch umweltverträglich ist. Umweltschutz ist somit integriert in die gesamte Projektplanung und -realisierung. Wird aber im selben Gemeinde- oder Stadtrat auch bedacht, dass mit der Gestaltung dieses Bebauungsplans vorherbestimmt wird, welche Wohnungen angeboten werden, inwieweit sie familien- und kindgerecht sind, wie das Wohnumfeld aussieht und ob dies ein geeigneter Lebensraum für Familien mit Kindern ist?

Durch bürgerschaftliches Engagement und unterstützende staatliche Strukturen Familien zu stärken, ist der Wegweiser in die Zukunft. Dazu müssen wir Netzwerke familiärer und generationenübergreifender Zusammenarbeit aufbauen, Eltern-Kind-Gruppen unterstützen, Kindertagesstätten zu Begegnungsstätten für Familien machen und den Erfahrungs- und Informationsaustausch zwischen allen mit Familien befassten Institutionen und Initiativen fördern. Der Themen- und Aufgabenkreis ist so vielfältig wie das Leben selbst. Ich nenne nur das Coaching für Jugendliche, den häuslichen Betreuungsdienst für kranke und genesende Kinder, betreutes Wohnen zu Hause für ältere Menschen und Helferkreise für Demenzkranke, Initiativen zur Betreuung ausländischer Kinder und Familien – zahlreiche Initiativen sind übrigens unter anderem in dem Buch *Neue Netze des bürgerschaftlichen Engagements* mit ihren Erfahrungswerten dokumentiert. Seien wir uns bewusst, ein Wandel unserer Lebenskultur in diesem Sinne verheißt für uns alle eine bessere Zukunft.

Nachhaltigkeit – die große ethische Herausforderung

Das Wort »Nachhaltigkeit« wird mittlerweile geradezu inflationär gebraucht – und damit auch inhaltlich entwertet. Trotzdem ist Nachhaltigkeit ein unverzichtbarer Kompass für die Zukunft, weshalb der Begriff auf seine Aussagekraft hin abzuklopfen ist.

Ursprünglich stammt das Prinzip der Nachhaltigkeit aus der Forstwirtschaft. Als im 18. Jahrhundert immer mehr Wälder für die Energiegewinnung und industrielle Nutzung abgeholzt wurden und die Menschen mit den Folgen zu kämpfen hatten, kam die Forderung nach einer Bewirtschaftungsweise des Waldes auf, bei welcher immer nur so viel Holz entnommen wird, wie nachwachsen kann, sodass der Wald nie zur Gänze gerodet wird, sondern sich immer wieder regenerieren kann. Bäuerliche Landwirtschaft, in ihrer ganzheitlichen Betrachtung von Ökonomie und gesellschaftlichen Regeln als »Agrikultur« bezeichnet, folgt übrigens demselben Prinzip. Auf dieser Basis entwickelte sich in den letzten Jahrzehnten das Modell einer »zirkulären Ökonomie« mit drei Grundregeln:

1. Von nachwachsenden Ressourcen darf nicht mehr verbraucht werden, als die Natur wieder regeneriert.
2. In die Natur dürfen nicht mehr belastende Schadstoffe abgegeben werden, als das ökologische System verarbeiten kann.
3. Der Verbrauch von nicht nachwachsenden Ressourcen muss durch die Schaffung entsprechender Substitute kompensiert werden.

Die internationale Karriere des Prinzips »Nachhaltigkeit« begann leise mit der von der Vereinten Nation 1983 eingesetzten Weltkommission für Umwelt und Entwicklung (Brundtland-Kommission). Die Kommission unter dem Vorsitz der ehemaligen norwegischen Ministerpräsidentin Gro Harlem Brundtland hatte den Auftrag, langfristige Perspektiven für eine Entwicklungspolitik aufzuzeigen, die insbesondere dem Umweltschutz Rechnung tragen. In dem Abschlussdokument *Unsere gemeinsame Zukunft* wurde dann 1987 Nachhaltigkeit als nachhaltige Entwicklung wie folgt definiert: »Entwicklung zukunftsfähig zu machen heißt, dass die gegenwärtige Generation ihre Bedürfnisse befriedigt, ohne die Fähigkeit der zukünftigen Generation zu gefährden, ihre eigenen Bedürfnisse befriedigen zu können.« Das Dokument empfiehlt eine Entwicklung, »die zugleich sozial fair, ökonomisch effizient und dauerhaft umweltgerecht ist«. Diese drei Ziele ökologischer, ökonomischer und sozialer Nachhaltigkeit hat in der Folge zu dem sogenannten »Drei-Säulen-Modell der Nachhaltigkeit« geführt:

1. Die ökologische Nachhaltigkeit umschreibt die Zieldimension, Natur und Umwelt für die nachfolgenden Generationen zu erhalten. Dies umfasst den Erhalt der Artenvielfalt, den Klimaschutz, die Pflege von Kultur und Landschaftsräumen in ihrer ursprünglichen Gestalt sowie generell einen schonenden Umgang mit der natürlichen Umgebung.

2. Die ökonomische Nachhaltigkeit stellt das Postulat auf, dass die Wirtschaftsweise so angelegt ist, dass sie dauerhaft eine tragfähige Grundlage für Erwerb und Wohlstand bietet. Von besonderer Bedeutung ist hier der Schutz wirtschaftlicher Ressourcen vor Ausbeutung.

3. Die soziale Nachhaltigkeit versteht die Entwicklung der Gesellschaft als einen Weg, der Partizipation für alle Mitglieder einer Gemeinschaft ermöglicht. Dies umfasst einen Ausgleich sozialer Kräfte mit dem Ziel, eine auf Dauer zukunftsfähige, lebenswerte Gesellschaft zu erreichen.

Eine so verstandene Nachhaltigkeit betrifft alle Ebenen der Politik und des Wirtschaftens: lokal, regional, national und global. Der entscheidende Impuls für den Durchbruch des Nachhaltigkeitsprinzips als internationale Richtlinie kam mit der UN-Konferenz vom 3. bis 14. Juni 1992 in Rio de Janeiro. Mit dem Erdgipfel (UNCED) wurde Nachhaltigkeit beziehungsweise nachhaltige Entwicklung als internationales normatives Leitprinzip der Staatengemeinschaft, Weltwirtschaft, Weltzivilgesellschaft sowie der Politik anerkannt und als Grundprinzip in der Rio-Deklaration und der Agenda 21 verankert. Im Interessenszentrum dieser Konferenz standen insbesondere die Neuausrichtung von Produktion und Konsum in den Industrieländern und die Bekämpfung der Armut in den Entwicklungsländern nach dem Maßstab Nachhaltigkeit. In später folgenden internationalen Konferenzen wurde dieses Prinzip dann jeweils konkretisiert. Die nationalen Regierungen wurden aufgefordert, ihrerseits Umsetzungsstrategien zu entwickeln, wobei vor allem der Druck engagierter Bürgergruppen und ihr Einfluss auf die öffentliche Debatte diese Vorhaben zur Realisierung trieben. Die Bundesregierung verabschiedete im April 2002 ihre Strategie für eine nachhaltige Entwicklung unter dem Titel *Perspektiven für Deutschland*, ein Schriftstück, in dem übrigens eigene Kapitel zu den Themen »Chancengerechtigkeit«, »Lebensqualität«, »sozialer Zusammenhalt« und »internationale Verantwortung« enthalten sind. Konkrete Handlungsvorschläge wurden auf den vier Feldern des Energie- und Klimaschutzes, des Verkehrs, der Landwirtschaft sowie der globalen Verantwortung gemacht.

Bei nüchterner Betrachtung und ehrlicher Bilanz muss man heute leider feststellen, dass auch nach der Konferenz von Rio bis in die jüngste Zeit nicht das viel bemühte Verantwortungsprinzip gegenüber den Nachkommen das Handeln der Weltgemeinschaft bestimmte, sondern der Rausch der neuen Möglichkeiten, die sich durch modernste Erkenntnisse der

Wissenschaft auftaten, und vor allem die absolute Konsumorientierung in der westlichen Zivilisation. Erst unter erhöhtem Leidensdruck schärfte sich das öffentliche Bewusstsein. Die zunehmenden Wetterextreme im kaum mehr zu leugnenden Zusammenhang mit dem Klimawandel und die rasch folgenden Krisenerscheinungen auf dem Energiesektor haben in den letzten Jahren die Bereitschaft, Nachhaltigkeit als Maßstab zu akzeptieren, stark befördert.

Zugegeben, Nachhaltigkeit ist kein Rezept, aber es ist ein unverzichtbares Prinzip, das unser Handeln bestimmen sollte. Denn wir haben schlichtweg kein Recht, jetzt angenehm auf Kosten der Lebens- und Zukunftschancen der heranwachsenden Generation zu leben. Es wird bei den einzelnen Maßnahmen fachlich zu klären sein – und dies wird sicherlich häufig im Streit erfolgen –, was sachlich geboten ist. Dabei sollten wir uns stets vor Augen führen, dass Nachhaltigkeit eine zeitgemäße und besonders aktuelle Form der Verpflichtung zur Solidarität ist, ohne die auf Dauer ein gutes und friedliches Zusammenleben nicht möglich ist. Sie bedeutet Solidarität im Sinne der Generationengerechtigkeit und eines rücksichtsvollen Miteinanders innerhalb der Weltbevölkerung – auch wenn die Auswirkungen der Taten Einzelner im Vergleich zu überschaubaren Lebenskreisen wie Familien schwer erkennbar, also sehr abstrakt sind. Deshalb ist hier die ethische Herausforderung an uns auch umso größer. Nur mit einer starken normativen Begründung, so glaube ich, werden wir diese Aufgabe meistern können.

Ethische Grundsätze werden aber nicht wirksam, wenn wir dazu nicht alltagstaugliche Instrumente entwickeln. Einer der wichtigsten und wirksamsten Ansätze ist die Kraft des Marktes. Wenn die Folgekosten unseres Tuns in den Preis eingehen, also eine Vollkostenrechnung erstellt wird, werden die Konsumenten ihr Kaufverhalten schnell ändern. In den Fällen, in denen der Marktpreis nicht als Regulativ fungieren kann, muss der

Staat einen entsprechenden Preis in seine Auflagen einbauen, um ähnlich korrigierend zu wirken. Dieser Ansatz spiegelt sich auch in der Philosophie der Ökosozialen Marktwirtschaft und des ihr zugrundeliegenden Konzeptes des Global-Marshall-Plans, mit dem der weltweite Wandlungsprozess gesteuert und erreicht werden soll. Lokal verweise ich auf die vielen Initiativen auf örtlicher, kommunaler und regionaler Ebene, die sich dem Prinzip Nachhaltigkeit verschrieben haben, und letztlich auf den eigenen Lebensstil, der Ausdruck eines bewussten Umgangs mit den Ressourcen sein sollte. Wie in kaum einem anderen Bereich kann und muss hier jeder von uns seine persönliche Umsetzungsstrategie entwickeln und seinen Beitrag zur Realisierung nachhaltiger Lebensformen leisten.

Integration oder Konfrontation?

W enn Sie wollen, dass sich die Zuwanderer besser integrieren, müssen diese die Erfahrung machen, dass sie gewollt und angenommen sind. Nur wenn Sie ihre Herzen erreichen, werden sie sich der Anstrengung der Integration unterziehen.« Diese Aussage, wie sie übereinstimmend von Experten bei einem Workshop über Zuwanderung verlautbar wurde, hat mich betroffen gemacht, ja aufgeschreckt. Denn ich sah mich mit einer ganz anderen Wirklichkeit konfrontiert. Die überwältigende Mehrheit unserer Bevölkerung steht den Zuwanderern oder Ausländern – heute auch allgemein als Migranten bezeichnet – nicht feindlich, aber doch überwiegend sehr distanziert gegenüber, nicht wenige sind verunsichert, andere zeigen sich ablehnend. Diese Einstellungen lassen vermuten, dass viele Migranten eher weniger den Eindruck gewinnen, dass sie erwünscht und willkommen sind. Insbesondere bei Muslimen neigen zahlreiche Deutsche seit dem 11. September 2001 und angesichts anderer negativen Erfahrungen mit aggressiven Islamisten dazu, sie unter Generalverdacht zu stellen. Trotz dieser Tendenz der Verhärtung liegt mir dennoch viel daran festzuhalten, dass die Deutschen – bis auf unbelehrbare Ausnahmen – nicht als fremdenfeindlich einzustufen sind.

Aber kann in einem solch gemäßigten Klima Integration gelingen? Was verstehen wir überhaupt unter Integration? Integration oder Assimilation? Totale oder nur teilweise Anpassung an deutsche Gepflogenheiten? Wenn Letzteres, wie viel Anpassung ist nötig? Und was geschieht, wenn die Integration der Zuwanderer, insbesondere derer aus anderen Kulturkreisen, nicht besser gelingt als bisher? Leben wir dann in immer mehr voneinander abgegrenzten Parallelgesellschaften? Wird es zu größeren sozialen Spannungen kommen? Es stehen unzählige Fragen im Raum, die dringend einer engagierten Auseinandersetzung in unserer Gesellschaft bedürfen. So komplex die Fragestellungen sind, so schwer eine eindeutige Klärung sein mag, bei nüchterner Betrachtungsweise steht am Ende die Erkenntnis, dass es für die Zukunft unseres Landes, für seinen inneren Frieden und seine Leistungskraft von außerordentlicher Bedeutung ist, wie die Integration in den nächsten Jahren klappt.

Integration ist nicht nur mit Migranten schwierig. Ein Blick in die deutsche Nachkriegsgeschichte verrät, dass in den stürmischen Zeiten des Wachstums selbst die Integration einer großen Zahl von deutschen Neubürgern in den expandierenden Städten und Ortschaften häufig mühsam war und mitunter gar nicht gelang. Die soziale Eingliederung von zwölf Millionen Flüchtlingen und Heimatvertriebenen etwa, die heute zu Recht als eine der großen Leistungen des deutschen Volkes gefeiert wird, vollzog sich über viele Jahre in einem beschwerlichen Prozess, bei dem es zu vielen Verletzungen, Komplikationen und Spannungen kam. Die Deutschen aus dem Sudetenland oder aus Ostdeutschland waren nicht weniger Deutsche als die Einheimischen, aber sie waren eben anders, ihre Zuwanderung veränderte soziale Strukturen, sie wurden als Belastung und als Konkurrenten empfunden. Da Fremde in großer Zahl generell Ängste und Abwehrreaktionen auslösen, brauchte es etliche Jahre der schrittweisen Annäherung, bis sie akzeptiert waren. Noch schwieriger gestaltete sich die Aufnahme und Integration von Deutschstämmigen aus Rumänien und später aus Russland. Die Konflikte, die dabei entstanden, waren schwerwiegend und gerieten zur Belastungsprobe für die deutsche Bevölkerung. Im Mittelpunkt der Auseinandersetzungen stand vor allem die Debatte um die

Rechtmäßigkeit der Inanspruchnahme von sozialen Leistungen des Staates, wobei hier klar anzumerken ist, dass vor allem die Rumänendeutschen aufgrund ihrer Familienstrukturen, ihrer Altersstruktur und ihrer Einsatzbereitschaft in das Sozialsystem letztlich mehr einbrachten, als sie kosteten. Was die Integration der Russlanddeutschen angeht, stehen wir bis heute vor gewaltigen Herausforderungen, insbesondere bezüglich der jungen männlichen Generation, die leider regelmäßig wegen gewalttätiger Auseinandersetzungen in die Schlagzeilen gerät.

Eine ganz neue Dimension der Zuwanderung entwickelte sich jedoch mit den Gastarbeitern. 1955 wurde die deutsch-italienische Anwerbevereinbarung beschlossen. Es folgten weitere Verträge mit Spanien und Griechenland (1960), mit der Türkei (1961), Portugal (1964), Tunesien und Marokko (1965) sowie Jugoslawien (1968). Die »Gastarbeiterperiode« dauerte von 1955 bis zum Anwerbestopp 1973 als Folge der Ölkrise. Im September 1964 kam in Köln der millionste Gastarbeiter, ein Zimmermann aus Portugal, an. Gastgeber wie Gastarbeiter gingen beiderseits davon aus, dass es sich um einen vorübergehenden Aufenthalt von ein paar Jahren handeln würde. Und es waren auch etliche Millionen, die kamen und planmäßig auch wieder gingen. Andere Millionen gerufene Arbeitskräfte aber blieben. Aus ihnen wurden Mitbürger, die hier ihr eigenes Leben aufbauten. Kinder wurden geboren und wuchsen hier auf. Die Zahl der Daueraufenthalte stieg, ohne dass entsprechende Konsequenzen gezogen wurden, weder bei den Zuwanderern noch bei den Deutschen. Als die südeuropäischen Länder einen ökonomischen Aufschwung nahmen, kehrten Gastarbeiter aus Italien, Spanien, Portugal, Griechenland und Jugoslawien verstärkt in ihre Heimat zurück. Diejenigen, die in Deutschland verblieben, hatten weniger Probleme, sich in die Gesellschaft einzugliedern, als Zuwanderer aus anderen Kulturkreisen, zumal sie – ortsbezogen gesehen – zahlenmäßig in der Regel nicht so stark vertreten waren, als dass sie eigene geschlossene Gesellschaftsgruppen hätten bilden können. Der Integrationsprozess entwickelte sich sehr positiv.

Zu einem harten politischen Zündstoff aber geriet die Integrationsfrage ab der Zeit, als die durch die Arbeitsmarktlage ausgelöste Zuwanderung zunehmend von der Zuwanderung auf Basis des Asylrechts überlagert wurde. Die Väter und Mütter des Grundgesetzes hatten in Artikel 16 den einfachen Satz festgeschrieben: »Politisch Verfolgte genießen Asylrecht.« Der Grund dieser so in keiner anderen Verfassung zu findenden Regelung lag in den oft bitteren Erfahrungen während der Zeit des Nationalsozialismus. Mehr als 800 000 verfolgte Menschen hatten damals Deutschland verlassen müssen und im Ausland Zuflucht gesucht. Viele hatten dabei große Schwierigkeiten, ein Gastland zu finden, und wurden an den Grenzen abgewiesen. Um solchen erschütternden Erlebnissen vorzubeugen, ja sie anderen zu ersparen, verankerte man im Grundgesetz diesen einen Satz ohne Vorbehalte und Einschränkung.

In den 1950er- und 1960er-Jahren kamen Asylsuchende vor allem aus dem kommunistischen Machtbereich in Mittel- und Osteuropa. Die Bundesrepublik gewährte großzügig Zuflucht, etwa nach dem Ungarnaufstand 1956 und dem Prager Frühling 1968. Darüber gab es keine weiter erwähnenswerte innenpolitische Diskussion, zumal die politische Bewusstseinslage durch den Kalten Krieg geprägt war. Ab etwa Mitte der 1970er-Jahre stieg die Zahl der Asylsuchenden jedoch rasant an. Waren es 1975 noch knapp 10 000 Asylsuchende, wurden es fünf Jahre später bereits mehr als 100 000. Die Unruhe in der Bevölkerung wuchs und die politische Auseinandersetzung über notwendige Veränderungen und Regelungen wurde immer härter ausgetragen. Ganz offensichtlich besaß unser Sozialsystem bei den Asylsuchenden aus aller

Welt höchste Attraktivität, sie war ein regelrechter Magnet geworden. Die Maßgabe, »politisches Asyl« zu suchen, wurde 100 000-fach unterlaufen, indem politische Verfolgung als Ursache für Flucht und Aufnahme nur vorgetäuscht wurde. Deutschland wandelte sich zu einem Einwanderungsland, aber im Gegensatz zu den klassischen Einwanderungsländern handelte es sich hierzulande nicht um eine Zuwanderung, die von den am Arbeitsmarkt nachgefragten Qualifikationen gesteuert wurde, sondern um einen unkontrollierten Zustrom, der genau das Gegenteil bewirkte: Es kamen immer mehr Menschen ins Land, die aufgrund ihres Werdegangs für den immer anspruchsvolleren Arbeitsmarkt nicht geeignet waren. Sie konnten keinen Arbeitsplatz finden und lebten von den Sozialsystemen. Angesichts dieses Asylmissbrauchs polarisierte sich die Gesellschaft. Es gab eine heftige Debatte, ob Deutschland nun Einwanderungsland sei oder nicht. Die Zahlen bestätigten dies, aber gemessen an dem klassischen Maßstab der Einwanderungsländer – wen brauchen wir? – war dies nicht der Fall. Diejenigen, die jedoch die Einstufung Deutschlands als Einwanderungsland befürworteten, lehnten gleichzeitig die Orientierung an den Richtlinien der Einwanderungsländer wie beispielsweise die USA oder Kanada ab. Die Folge: Man diskutierte aneinander vorbei. Es kam zu erbitterten Auseinandersetzungen, ob den Zuwanderern bestimmte Pflichten wie etwa verpflichtende Deutschkurse auferlegt werden sollten oder ob Zuwanderung einschließlich Familiennachzug an strengere Auflagen gebunden werden sollte. Viele Jahre wurde die Illusion einer bunten, friedlichen Multikulti-Gesellschaft gehegt und gepflegt und jede andere Position der Intoleranz bezichtigt – wertvolle verlorene Zeit, die sich auf die Entwicklung in der Zuwanderung fatal auswirkte und in ihrer Konsequenz eine große Hypothek für die heutige Situation im Land darstellt. Erst als Ende der 1980er- und Anfang der 1990er-Jahre rechtsradikale politische Gruppierungen mit der Thematisierung des Asylmissbrauchs in der Bevölkerung immer mehr Zustimmung fanden und es im Bundesgebiet, das von einer Welle ausländerfeindlicher Gewalt überzogen wurde, immer häufiger zu Überfällen und Mordanschlägen kam, konnten sich die demokratischen Parteien im Deutschen Bundestag auf eine Änderung des Asylrechts-Artikels im Grundgesetz verständigen. Im Dezember 1992 einigte sich die Koalition von CDU/CSU und FDP mit der SPD auf den sogenannten »Asylkompromiss«, der dann am 26. Mai 1993 im Deutschen Bundestag mit großer Mehrheit beschlossen wurde. Damit wurden dem Grundgesetzartikel »Politisch Verfolgte genießen Asylrecht« Einschränkungen hinzugefügt. Der Hauptansatz dafür lag im Konzept der »sicheren Drittstaaten«: Wer aus einem als »sicher« eingestuften Land nach Deutschland einreiste, konnte sich nicht mehr auf das Asylrecht berufen und wurde an der Grenze zurückgewiesen. Da Deutschland praktisch ausschließlich von solchen Ländern umgeben war, sank die Zahl der Asylsuchenden rasch.

In der Folgezeit stellte sich aber eine andere Thematik als schwere emotionale Belastung heraus: die weltweite Entwicklung des politisch geprägten Islam, die als Bedrohung für die westliche Zivilisation und Kultur wahrgenommen und von den Akteuren auch so verstanden wird. Das Thema »Integration« vermischte sich immer stärker mit dem Thema »Religion«, und in diesem Fall mit einer Religion, von der wir wenig wissen. Was denken Muslime, was glauben sie, wie stehen sie wirklich zum Leben in Deutschland und zu unseren Werten?

Im Rahmen der Arbeit der Deutschen Islamkonferenz, einer mutigen Pionierleistung des damaligen Bundesinnenministers Wolfgang Schäuble, begann man, sich mit einer bundesweiten repräsentativen Studie, bei der 6000 Personen aus 49 muslimisch geprägten Herkunftsländern befragt wurden, mehr Klarheit darüber zu verschaffen. Als erstes Ergebnis kann festgehalten werden, dass wahrscheinlich mehr Muslime in Deutschland leben als bisher angenommen, etwa zwischen 3,8 und 4,3 Millionen Menschen. Genaueres wird man erst mit der nächsten Volkszählung im Jahr 2011 wissen. Rund die Hälfte der in Deutschland lebenden Muslime, die als Migranten kamen, sind bereits deutsche Staatsangehörige. Die Studie macht auch deutlich, dass Defizite bei der Integration vor allem in den Bereichen »Schulabschlüsse« und »Erwerbstätigkeit« vorhanden sind. Besonders fällt auf, dass türkische Migranten nicht nur im Vergleich zu Migranten aus südeuropäischen Anwerbeländern und zu Aussiedlern, sondern auch zu Migranten aus anderen muslimischen Herkunftsländern hinsichtlich Schulbildung relativ schlecht abschneiden. Diese Tatsache ist überwiegend auf die extrem niedrigen Werte zurückzuführen, die türkische Frauen der ersten Zuwanderergeneration erzielt haben. Allgemein überrascht, dass mehr als die Hälfte der Muslime über sechzehn Jahre Mitglied in einem deutschen Verein ist, und ebenso verblüffend ist, dass nur etwa 20 Prozent der Muslime in religiösen Vereinen und Gemeinden organisiert sind. Da rund 63 Prozent türkische Wurzeln haben, hängt die Integrationsleistung auch stark von der Politik des türkischen Staates ab. Alle Regierungen in Ankara versuchten insbesondere im religiösen Bereich durch diverse organisatorische Strukturen Einfluss auf ihre Landsleute in Deutschland auszuüben und eine feste Verwurzelung in Deutschland eher zu behindern. Die heutige Regierung bildet keine Ausnahme.

Generell ist davon auszugehen, dass eine bessere Integration der rund vier Millionen Migranten muslimischen Glaubens in Deutschland wesentlich mit der Integration des Islam in die europäische Wertewelt verbunden ist. In der Weiterentwicklung der Integrationspolitik wird deshalb eine intensive inhaltliche Auseinandersetzung und respektvolle Kommunikation mit dem Islam wichtig sein, wobei es zu klären gilt,

welche Bedeutung die Religiosität und die religiöse Alltags-
praxis in einer weithin säkularisierten Gesellschaft besitzt.
Wer diese Dinge ignoriert oder gar abwertet, wird diese Menschen nicht gewinnen. Schließlich bezeichnen sich 36 Prozent der Befragten selbst als »stark gläubig«, weitere 50 Prozent geben an, »eher gläubig« zu sein. Der Umfrage zufolge
ist die Religiosität insbesondere bei Muslimen und Musli-
minnen, die türkischstämmig oder afrikanischer Herkunft
sind, ausgeprägt. Dagegen ist sie bei iranischstämmigen Muslimen, fast ausschließlich Schiiten, eher gering: Nur 10 Prozent von ihnen sehen sich als »sehr stark gläubig«, etwa ein
Drittel als »gar nicht gläubig«. Insgesamt gilt, dass die Säku-
larisierung der Muslime viel weiter fortgeschritten ist, als
man bisher angenommen hat.

Die Untersuchung zeigt auch, dass Migranten mit anderen
Religionen ebenfalls eine überwiegend starke Bindung zu
ihrem Glauben haben, in der Regel mehr als im Heimat-
land. Wer diese Menschen verstehen und für ein gutes
Zusammenleben gewinnen will, muss versuchen, auch ihre
Prägung durch die Religion zu verstehen und zu respektieren. Dies ändert selbstverständlich nichts an der Bedingung,
dass für das Zusammenleben in Deutschland die Werte
unseres Grundgesetzes über den traditionellen Werten dieser Religionen stehen. Dies gilt für die Trennung von Religion und Staat, die Respektierung der Menschenwürde und
der Rechte der Frau, die Religionsfreiheit und damit auch
den Wechsel der Religion. In diesen Grundsatzfragen kann
es keinen Kompromiss und keine Sonderrechte geben. Wie
verschiedene Studien zeigen – darunter der »Religionsmoni-
tor« der Bertelsmann Stiftung –, bejaht die große Mehrheit
der Muslime in Deutschland diese grundgesetzlich verankerten Werte. Radikale und damit gefährliche Minderheiten
dürfen uns den Blick für die Haltung der großen Mehrheit
nicht verstellen.

Die demokratischen Parteien in Deutschland haben nach jahrzehntelangem Ringen nun eine große gemeinsame Basis für Ziele und Inhalte einer erfolgreichen Integrationspolitik gefunden. Alle wissen, dass sie sich dabei innenpolitisch gleichzeitig auf einem eher dünnen Eis bewegen. In den letzten Wahlkämpfen haben zwar Themen wie »Zuwanderung« und »Ausländer in Deutschland« keine große Rolle gespielt, aber der Blick ins Nachbarland Österreich und in andere Länder zeigt, dass ausländerfeindliche Parolen von rechtspopulistischen und rechtsextremen Kräften politisch erfolgreich und damit gefährlich werden können.

Integrationspolitik ist eines der großen Zukunftsthemen für unser Land. Deshalb ist es wichtig, dass auch die aktuelle Bundesregierung fortsetzt, was mit dem ersten Integrationsgipfel am 14. Juli 2006 auf Einladung der Bundeskanzlerin Angela Merkel im Bundeskanzleramt begonnen wurde. Damals wurde beschlossen, einen nationalen Integrationsplan zu erstellen und Arbeitsgruppen einzurichten, die sich mit den verschiedenen Aufgabenbereichen dieser Problematik befassen. Der nationale Integrationsplan wurde in der Folge von der Bundesregierung, den Bundesländern, den kommunalen Spitzenverbänden, zahlreichen Organisationen der Gesellschaft, Medienvertretern, Wissenschaftlern und Migrantenorganisationen gemeinsam entworfen – mit dem Ziel, die integrationspolitischen Maßnahmen aller beteiligten Akteure auf der Grundlage gemeinsamer Analysen und Zielbestimmungen zu bündeln und durch diese Zusammenarbeit eine bessere Integration zu erreichen. Zu diesem Zweck haben sich alle Beteiligten auf insgesamt mehr als 400 Maßnahmen und Selbstverpflichtungen, die vor allem die Bereiche Sprachförderung und Schule betreffen, festgelegt. In den zehn Arbeitsgruppen wirken knapp 400 Vertreterinnen und Vertreter ebenfalls aus Bund, Ländern, Kommunen, Wirtschaft und Gewerkschaften, Kirchen und Religionsgemeinschaften, Stiftungen, Sport, Medien, Wissenschaft und Kultur mit. Die umfassende Zusammenstellung der Beteiligten auch in den Arbeitsgruppen verrät, dass hier Integration als eine wichtige nationale Gemeinschaftsaufgabe verstanden wird. Dies dokumentiert auch der Beschluss der Ministerpräsidentenkonferenz vom 14. Juni 2007, in dem sich die 16 Bundesländer auf der Basis gemeinsamer integrationspolitischer Leitlinien auf ein koordiniertes Vorgehen verständigt haben. Diese Meilensteine auf hoher politischer Ebene dürfen aber nicht darüber hinwegtäuschen, dass Integration im Alltagsleben, das heißt in der Arbeitswelt und im privaten Bereich des Einzelnen als Teil eines kleinen Lebenskreises gelingt oder scheitert. Deshalb kommt den Kommunen in dieser Hinsicht eine ganz besondere Aufgabe zu.

Zusammenfassend lässt sich sagen, dass mit der Reform des Staatsangehörigkeitsrechts im Jahr 2000, dem 2005 beschlossenen Zuwanderungsgesetz, dem Integrationsgipfel und Nationalem Integrationsplan sowie der Deutschen Islamkonferenz in den letzten zehn Jahren viel auf den Weg gebracht worden ist, um eine wirksame Integrationspolitik auf breiter demokratischer Grundlage zu betreiben. Zweifelsohne kann dies auch im internationalen Vergleich bestehen. Denn wie schwierig und gleichzeitig wie wichtig die Herausforderung ist, Migranten in die jeweilige Gesellschaft zu integrieren, offenbaren die Zustände in den Nachbarländern. Ganz offensichtlich ist die Integration bislang nirgendwo befriedigend gelungen. Holland wurde viele Jahre mit seiner liberalen Ausländerpolitik als Musterbeispiel von Toleranz und Menschlichkeit gepriesen. Das Ergebnis dieser liberalen, weltoffenen und auf multikulturelle Philosophien abgestimmten Zuwanderungspolitik hat mittlerweile die Gesellschaft extrem gespalten. Große Sicherheitsprobleme haben dort eine starke politische Rechte auf den Plan gerufen, die allein durch ihre massive Existenz belegt, dass der holländische Weg ein Irrweg ist. Aber auch in Frankreich und England, Ländern, in denen bei den Zuwanderern die Sprachbarriere eine geringe Rolle spielt, weil die Migranten überwiegend aus früheren Kolonialländern kommen, ist Integration nicht besser geglückt als bei uns. Die Parallelgesellschaften in den Städten dort gelten als wesentlich ausgeprägter und die Sicherheitslage in manchen Orten als äußerst problematisch.

Was also können wir tun und vielleicht sogar besser machen? Erfolgreiche Integration erfordert sowohl bei den Migranten und bei den Einheimischen die Bereitschaft zur Veränderung und zum Bemühen, dem Nachbarn in seinem Anderssein auch zu verstehen. Es ist nicht zu leugnen, dass Integration durch vielfältige Ängste belastet wird: die Angst vor den Fremden – erst recht, wenn es viele sind –, die Angst vor Fremdbestimmung und Überfremdung, die Angst vor Konkurrenz und Ausnutzung. Die Angst vor Identitätsverlust ist sowohl bei den Einheimischen wie bei den Zuwanderern tief verankert. Integration kann deshalb nur gelingen, wenn diese Gefühle, Sorgen und Ängste bei allen Beteiligten ernst genommen werden. Dazu reichen sozialtechnische Maßnahmen und auch die Sprachförderung allein nicht aus. Integration ist ein kultureller und sozialer Prozess, der von Wertvorstellungen, der Tradition von Lebenskulturen und religiösen Überzeugungen geprägt und bestimmt wird. Dafür ist Geduld notwendig.

Unter diesem Gesichtspunkt kann die innenpolitische Situation durchaus auch als ein Ausschnitt aus der globalen Entwicklung, in der kulturelle Prägungen eine immer größere Bedeutung bekommen, verstanden werden. Viele Anzeichen deuten darauf hin, dass es infolge der Armutsentwicklungen in der Welt, auch der Ausbreitung der Wüsten durch Klimaveränderungen, vermehrt zu Zuwanderungsbewegungen kommen wird. Zu einer weitsichtigen Politik gehört daher auch der Beitrag zur Verbesserung der Lebensverhältnisse in den Regionen der Erde, die potenzielle Auswanderungsländer sind.

Ich weiß, die Kosten einer überlegten Integrationspolitik sind hoch, die Folgekosten misslungener Integration sind aber noch erheblicher. Sollten wir auf diesem Feld scheitern, wird der finanzielle Aufwand für soziale Maßnahmen und innere Sicherheit drastisch nach oben schießen und das Land im Inneren destabilisiert. So gesehen, gehört eine vorausblickende Integrationspolitik zu den zwar eher unpopulären, aber dringend notwendigen Zukunftsstrategien für Deutschland und eine zukunftsfähige Kultur.

Ein Härtetest für die Demokratie

Haben wir eine »Schönwetterdemokratie«, die, wenn es hart auf hart kommt, gefährdet ist? Diese Sorge treibt nicht wenige Menschen im Land um. Wovon hängt also die Zustimmung der Bürgerinnen und Bürger zum demokratischen System ab? Diese Regierungsform hat nachweislich Wohlstand und materielle Sicherheit gebracht. Die Bevölkerung der westlichen Industrieländer hat in der kulturellen Entwicklung der letzten Jahrzehnte einen hohen Grad an Konsumorientierung erreicht. Status, Zugehörigkeit, Identität werden maßgeblich über Einkommen, Besitz und Konsumgüter definiert, während traditionellen Sinnquellen wie Religion, Altruismus oder Nation eine schwindende Bedeutung beigemessen wird. Dennoch gibt es Anzeichen dafür, dass sich langsam ein Bewusstseinswandel einstellt. So legen immer mehr Menschen Wert auf kürzere Arbeitszeiten, Familie, Ökologie und Nachhaltigkeit. Dies trifft vor allem auf Bevölkerungsgruppen zu, die materiell bessergestellt sind. Das mag daher rühren, dass für sie der tatsächlich geübte materielle Verzicht bei der Umstellung ihrer Lebensweise vergleichsweise gering ausfällt und, salopp gesagt, nicht wehtut. Für materiell schlechter gestellte Bevölkerungsschichten jedoch gelten andere Prioritäten. So zeigen Untersuchungen, dass die Demokratiezufriedenheit bei Personen des unteren Einkommensfünftels deutlich geringer ist als bei denen des oberen Einkommensfünftels. Eine 2008 von der Friedrich-Ebert-Stiftung durchgeführte Studie, welche die Entstehung rechtsextremer und demokratischer Einstellungen untersuchte, konnte belegen, dass bei vielen Befragten die Zustimmung zur Demokratie von der Gewährung materiellen Wohlstands abhängt.

In der globalen Entwicklung ist der Siegeszug der Demokratie, von Markt und Wettbewerb entgegen der Erwartung der westlichen Zivilisation nicht eingetreten. Die erhoffte Eigendynamik, die sich aufgrund des vorgelebten Erfolgs hätte einstellen sollen, blieb aus. International und gerade bei den aktuell aufstrebenden Wirtschaftsmächten können wir beobachten, dass autokratische Systeme unterschiedlicher Ausprägung eher stärker vertreten sind. China und andere Länder in Asien, Russland und die nach den traditionellen Herrschaftsstrukturen der Stämme und Clans ausgerichteten Regierungssysteme der arabischen Welt sind dafür exemplarisch. Was dies für die internationale Entwicklung bedeutet, muss sich erst zeigen. Im Hinblick auf den ökonomischen Wettbewerb ist jedoch kaum zu leugnen, dass diese Systeme zumindest kurzfristig oft entscheidungsschneller und somit handlungsfähiger sind als die demokratisch verfassten Staaten – im internationalen Wettbewerb ein ernstzunehmender Faktor, der unsere Demokratie in ihrer Gestaltungsfähigkeit erheblich fordert. Ob aber diese autokratische Machtstruktur auf längere Sicht für die innere Stabilität der jeweiligen Nation und ihre Fähigkeit zur Veränderung und Innovation taugt, ist freilich offen.

Doch wenden wir uns dem eigenen Land zu. Wie steht es dort um die Zukunft der Demokratie? Für unseren Staat stellen sich zwei grundsätzliche demokratiepolitische Fragen: Erstens, wie stabil ist die demokratische Ordnung in stürmischen Zeiten? Und zweitens, ist die Politik in der freiheitlich demokratischen Grundordnung in der Lage, die notwendigen Veränderungen zu gestalten und erhält sie dafür die notwendige Gefolgschaft der Bevölkerung? Auf beide Fragen kann es keine gesicherten Antworten geben. Deshalb bleibt uns aktuell nur, ein Problembewusstsein für diese Ungewissheiten zu schaffen und die Menschen für die Gefahren zu sensibilisieren, die zu einem Zusammenbruch der Demokratie führen könnten.

Die fraglos größte, aber durchaus denkbare Gefährdung für die demokratische Ordnung wäre eine Wiederholung der Finanzkrise in noch größerem Maßstab. Es fehlt nicht an warnenden Stimmen, dass solche Entwicklungen drohen, wenn jetzt nicht international und verbindlich die notwendigen Konsequenzen aus dem jüngsten Desaster gezogen werden. Jetzt konnte der weltweite Kollaps noch vermieden werden – nur einen Schritt vom Abgrund entfernt. Bei einer weiteren Krise der Weltmärkte wären allerdings schwerste soziale Konflikte und der Verlust der politischen Gestaltungsmöglichkeiten die Folge. Weil dieser Umstand wohl allen Verantwortlichen bewusst ist, sollten wir davon ausgehen können, dass es eine Möglichkeit gibt, gemeinsam dieses Schreckensszenario zu vermeiden. Wie also kann es in einem demokratischen verfassten Staat gelingen, die notwendigen Veränderungen herbeizuführen und die damit verbundenen Konflikte konstruktiv zu bewältigen? »Wahrscheinlich gar nicht«, werden viele sagen, die der gängigen Negativbewertung politischen Geschehens und seiner Akteure folgen. Demgegenüber aber steht die Erfahrung, dass sich gerade in schwierigen Situationen, die neue Herausforderungen mit sich bringen, auch neue, ungeahnte Kräfte entwickeln. Wer hätte beispielsweise vor der Finanzkrise der Bundesregierung und der Politik in Deutschland insgesamt diese Handlungsfähigkeit zugetraut?

Ob die Bevölkerung der Politik auf dem schwierigen Weg folgt, hängt davon ab, welche Prioritäten die Menschen in der konkreten Situation haben. Diese werden wesentlich davon bestimmt sein, welche Sorgen zu diesem Zeitpunkt am größten sind. Wenn die innere Sicherheit des Landes auf dem Spiel steht und das Urbedürfnis der Menschen, unter sicheren Bedingungen leben zu können, nicht erfüllt ist, wird dieses

Thema bedeutsamer sein als alles andere. Wenn immaterielle Werte für immer mehr Menschen wichtiger werden, Lebensqualität vor Lebensstandard kommt und existenzielle Sinnfragen maßgebend werden, wird dies auch die Erwartungen an die Politik verändern. Wir können also nicht mit den Erfahrungen von gestern sichere Antworten für morgen finden. Da aber vorhersehbar ist, dass die nächste Wegstrecke schwierig, risikoreich und anstrengend wird, lautet die aktuelle Aufgabenstellung an uns alle: Wie kann sich unser demokratisches System, wie können wir uns als Bürger und politisch Verantwortliche für diese Etappe rüsten?

Ausschlaggebend ist hierbei zweifelsfrei die Führungsleitung im Staat ebenso wie in Firmen. Diejenigen, die in Führungsverantwortung stehen, müssen fähig sein, durch klare Informationen Orientierung zu geben, die Ursachen notwendiger Veränderungen zu erklären und anstehende Konsequenzen nachvollziehbar zu begründen. Das ist in einem Betrieb einfacher als in der Politik, die sich mit der Komplexität des ganzen Gemeinwesens auseinanderzusetzen hat. Deshalb ist die Anforderung an die politische Führung auch größer. In allen Bereichen gilt jedoch: Wer Zustimmung und Gefolgschaft will, muss Sinn vermitteln. Das verlangt von den Führenden Kompetenz, Zukunftsorientierung sowie ein Verhalten und Handeln, das Vertrauen stiftet. Als Bürger ergeht es uns in solchen Situationen wie den Teilnehmern einer Reisegruppe in einem noch unerforschten Land. Diese erwarten nicht, dass die Reiseleitung unangenehme Überraschungen wie etwa einen Wettersturz verhindern kann. Sie erwarten jedoch, dass diese mit solchen Situationen umgehen und entsprechend handeln kann. Wenn dies im Ernstfall gelingt, wächst Vertrauen und die Reiseteilnehmer scheuen auch nicht vor schwierigen Wegstrecken zurück.

Die Zukunft unserer Demokratie, die Bereitschaft der Bürger, beschwerliche Wegstrecken mitzugehen, hängen also insbesondere vom Vertrauensverhältnis zwischen Bürgern und politischer Führung ab. Dieser Umstand wirft unter anderem die Frage auf, wie sich die Politik und die politische Konstellation in Deutschland in den letzten Jahrzehnten verändert haben. Die Politik und die Parteien der ersten Nachkriegsjahrzehnte waren bei allen Differenzen von den gemeinsamen innenpolitischen Aufgaben des Wiederaufbaus und der außenpolitischen Westorientierung bestimmt. Später vollzog sich eine tief greifende Veränderung, als sich das Links-Rechts-Schema in der Zuordnung der Parteien und in der politischen Auseinandersetzung allmählich auflöste. Als Beginn dieser Entwicklung kann die Neuorientierung der SPD mit Beschluss des Godesberger Programms gelten, in dem die SPD ihre grundsätzliche Zustimmung zur Sozialen Marktwirtschaft festschrieb. Den entscheidenden Impuls, mit dem die polare Struktur endgültig aufbrach, gaben der Zusammenbruch des Kommunismus und der Konkurs des Sozialismus 1989/90. Es begann das pragmatische Zeitalter der Politik, das von einer Tendenz einer parteienübergreifenden Angleichung von Positionen gekennzeichnet war. Das ist der Zustand, den wir bis heute kennen.

Ein Aspekt, der leicht aus dem Blickfeld rückt, aber die politische Arbeit und Kultur erheblich beeinflusst, war der große Umbruch in den Medien durch Innovationen in der Informationstechnologie. Die Geschwindigkeit im Agieren wurde zum Mantra der politischen Kommunikation. Atemlosigkeit und häufig vordergründige Debatten waren die Folge – nicht nur in der Politik. Zudem machte die wachsende Komplexität die politische Arbeit immer anspruchsvoller und die Vermittlung der Zusammenhänge immer schwieriger. Dazu muss gesagt werden, dass die politische Kultur nicht allein von Politikern und Parteien geprägt wird. Die Politiker agieren nicht in einer Welt, die sie auch aus eigener Kraft verändern könnten. Sie sind eingebunden in Bedingungen und Mechanismen politischer Debatten, die alle Beteiligten leider oftmals in eine fruchtlose Betriebsamkeit führen. Deshalb ist es unredlich, von den Politikern zu verlangen, dass sie unter diesen Umständen heroische Leistungen vollbringen, im eigenen Verhalten und in den sachlichen Ergebnissen. Stattdessen sollten sich auch die Repräsentanten der Medien, der politischen Wissenschaften und insbesondere diverser richtungsweisender Verbände damit auseinandersetzen, ob unsere gegenwärtige politische Kultur geeignet ist, die Aufgaben der Zukunft zu gestalten.

Gerne möchte ich an dieser Stelle dazu einige Anmerkungen aus fast vier Jahrzehnten politischer Erfahrung als Abgeordneter und in Führungsämtern machen. Einhergehend mit den Möglichkeiten moderner Informationstechnologie ist die Demoskopie zu einer schweren Belastung für sachorientiertes und mittel- und langfristig angelegtes politisches Handeln geworden. In der Wirtschaft hat die Kurzatmigkeit der Quartalsberichte viel Schaden angerichtet, in der Politik werden wöchentlich die neuesten »Wasserstandsmeldungen« der Umfragen veröffentlicht. Die zentrale Frage, die Journalisten dann oftmals den Politikern im Gespräch stellen, zielt nicht mehr darauf ab, welche sachthemenbezogenen Probleme sie wie zu lösen gedenken, sondern was sie zu den jeweiligen Umfragen sagen. Insbesondere schlechte Umfragewerte geben regelmäßig Anlass zur Frage, wie er oder sie aus diesem Umfragetief herauskommen will. Als ob der Sympathiegrad ein Garant für kluge Politik wäre! Der Journalismus züchtet durch ein solches Verhalten geradezu eine oberflächliche politische Kultur heran. Eine andere beliebte Herangehensweise von sogenannten Analysen und kritischen Kommentaren basiert auf der Frage »Wer ist gegen wen?«. Auch hier siegt Medienwirksamkeit über Sachanalyse. Mit diesem Seitenhieb an die Adresse der Medien möchte ich freilich die Politik nicht von ihren eigenen Mängeln freisprechen und die übliche Einseitigkeit durch eine andere Einseitigkeit kompensieren, doch unbestritten ist: Ohne Veränderung in der Medienkultur ist eine Veränderung der Kultur der politischen Debatte kaum möglich.

Der Alltag politischer Rituale ist eine starke Quelle der Politikverdrossenheit. Politik ist harter Wettbewerb, politisches Engagement ist auf Dauer nur mit innerer Leidenschaft zu leisten. Die Kontroverse und der Konflikt gehören zum Geschäft, was meistens dem Harmoniebedürfnis der Bevölkerung widerspricht. Erschwerend kommt hinzu, dass, von außen betrachtet, Politik in erster Linie ein täglicher Kampf zu sein scheint, der sich weniger als Kampf um die besseren Lösungen darstellt denn als ein Kampf gegeneinander. Und dieses Kämpfen wird weniger wahrgenommen als leidenschaftlicher Einsatz für eine Sache, ein Ideal, eine Problemlösung, einen Zukunftsentwurf. Es wird eher als Niederkämpfen des anderen, systematisches Verletzen, Beschädigen, Demontieren von Personen erlebt. Helmut Markwort, Chefredakteur des *Focus*, kritisierte unlängst in seinem Referat »Lieber Hochsprache als Tiefschläge – wie die Parteien selber unser demokratisches System gefährden« anlässlich der Media Night der CDU im Juni 2008 die aggressive Sprache der Politiker und monierte zerstörerische Vergleiche, mit denen sie ihre eigene Zunft, das Parteiensystem und in letzter Konsequenz unsere Demokratie erniedrigen würden. Wenn eine Partei die jeweils andere in ihrer Substanz mies mache, ziehe sie sich selbst und ihre Seriosität mit nach unten. Er kenne, so Markwort, keine andere Berufsgruppe, die sich selbst so degradiert.»Unglaublich oft und in allen Lagern findet sich die Metapher vom ›parteipolitischen Süppchen‹. Meistens wird es von anderen Parteien gekocht, einmal wird es sogar ›auf dem Rücken der Schüler ausgetragen‹. In jedem Fall aber wird Parteipolitik als übles Süppchen diffamiert. Im Grundgesetz, Artikel 21, steht: ›Die Parteien wirken bei der politischen Willensbildung des Volkes mit‹, aber die Parteien selber ziehen diesen Auftrag in den Dreck. (…) Nur unter Parteipolitikern ist Parteipolitik ein Schimpfwort. Anstatt den Streit der Meinungen aufzuwerten, werten sie ihn ab. Bewusst oder unbewusst spekulieren sie damit auf in Deutschland tief sitzende Ressentiments gegen öffentliche Auseinandersetzungen und Meinungsstreit.«

In der Demokratie ist der politische Wettbewerb stark auf die Wahlentscheidung ausgerichtet. Der Wahlerfolg entscheidet darüber, ob man letztlich Möglichkeit zum aktiven Gestalten hat. Macht ist dafür die Voraussetzung und deshalb nichts Negatives oder Verdächtiges, sondern etwas ebenso Notwendiges wie das Streben danach. Beides gehört zur Demokratie wie auch die Bereitschaft zum Kompromiss. Da Wahlergebnisse also diese schicksalhafte Bedeutung haben, wird zwangsläufig mit Leidenschaft und vollem Einsatz um die Stimmen der Wähler gerungen – vergleichbar mit einem Entscheidungsspiel um die Meisterschaften im Sport. Umso wichtiger ist es, dass es bei aller Leidenschaft respektierte Regeln gibt. Im Sport werden diese immer wieder verletzt und vom Schiedsrichter als Regelwidrigkeit geahndet. Anders in der Politik. Hier wird ausgeteilt und man muss lernen einzustecken – auch das, was die persönliche Schmerzgrenze übersteigt. Nur wer blind und taub ist, kann leugnen, dass deshalb viele politische Rituale für die Bürgerinnen und Bürger abstoßend sind. Meistens empfinden wir als Politiker es auch so. Aber Politik braucht eben Leidenschaft – für das Gestalten ebenso wie für die Macht.

In guten Wachstumszeiten hat die Politik zu oft erklärt, dass all das Gute nur ihrem Wirken zu verdanken ist. Kein Wunder, dass dieselben Bürger auch in schlechten Zeiten sich an diese angebliche Allmacht der Politik erinnern und entsprechende Erwartungen hegen. Doch es ist schlichtweg falsch, die Lösung jedes Problems von der Politik und vom Staat zu erhoffen. Die

Politik leidet auch unter Erwartungen von außen, die niemand erfüllen kann. So verlangen Repräsentanten der Wirtschaft, die selbst für ihre eigene Branche seit langer Zeit kaum mehr eine Konjunkturprognose für ein Jahr wagen, von der Politik gerne ein mehrjährig gültiges und ganzheitliches Regierungsprogramm. Andere wiederum fordern von den Parteien Wertorientierung und Sinnstiftung, weil dafür der Einfluss der Kirchen mittlerweile zu gering sei.

Die kommenden Jahre werden der Politik viel abverlangen – damit meine ich nicht nur Mut für Unpopuläres, sondern auch notwendige und sachgerechte Antworten auf neue Entwicklungen. Woher aber soll die Politik die Kompetenz beziehen, die nun mal mit der Wahl nicht gleich mitgeliefert wird? Man muss sich die Parteien wie Produktionsbetriebe vorstellen, die vor allem damit beschäftigt sind, das Alltagsgeschäft am Laufen zu halten. Zukunftsorientierte und längerfristig erfolgreiche Firmen haben aber eine Forschungs- und Entwicklungsabteilung. Der Versuch von Bundeskanzler Gerhard Schröder, Problemlösungen über Expertengremien zu suchen, hat sich als Fehlschlag erwiesen, da sich Experten in der Beurteilung von Sachfragen und notwendigen Konsequenzen oftmals nicht einig sind und Politik auch immer mit Leitbildern und Wertvorstellungen hinsichtlich einer guten Gesellschaft und einer guten Zukunft verbunden ist. Woher also sollen die Parteien dieses fachlich kompetente und kreative Potenzial beziehen, wenn sie es nicht aus sich selbst schöpfen können? Die Antwort lautet: Sie müssen intensive Beziehungen zu gesellschaftlich, wissenschaftlich und wirtschaftlich relevanten Gruppen und Institutionen pflegen und durch die aufmerksame Beobachtung von zeitgemäßen Entwicklungen Impulse bekommen und diese in ihr Denken aufnehmen. So ist das Konzept der Sozialen Marktwirtschaft nicht in der Politik, sondern in der Wissenschaft entwickelt und dann durch die Zusammenarbeit von Wissenschaft und Politik zu einem politischen Programm ausgestaltet worden. Unzählige weitere Beispiele in allen Politikbereichen ließen sich anführen, die am Ende nur eines bestätigen: Die größte Gefahr für die Parteien ist der Trend, eine geschlossene, von der Wirklichkeit abgeschottete Gesellschaft zu werden, die keine Signale aus der Bevölkerung mehr empfängt. Aber nicht minder denkwürdig ist die Tatsache, dass den Parteien auch fehlt, was für gut geführte Unternehmen selbstverständlich ist: eine systematische Ausbildung und Förderung von Führungskräften. Dies ist nicht in der aktuellen Unternehmenskultur vorgesehen. Früher erfolgte dieser Reifeprozess überwiegend durch das Engagement der jungen Leute in gesellschaftlichen oder kirchlichen Gemeinschaften, in Vereinen und Verbänden. Diese »Lehrzeit« galt der Wertorientierung und gab dem Nachwuchs die Möglichkeit, Sozialkompetenz zu erwerben und das Handwerk des Führens zu erlernen. Derartig prägende Vorerfahrungen fehlen heute meistens. Und wenn es zu einer Ausbildung kommt, begrenzt sich diese in der Regel auf die Zeit in der Jugendorganisation der jeweiligen Partei. Dort allerdings besteht die Gefahr, dass sich das Engagement frühzeitig in politischer Betriebsamkeit verliert und mit Blick auf die Karriereleiter Opfer des Erfolgsdenkens wird. Wer nicht in der Gesellschaft mit offenem Geist aktiv war, bevor er politische Mandate übernommen hat, wird dies später kaum mehr nachholen – allenfalls unter dem Aspekt rascher Nützlichkeit, aber nicht als Lernprozess. An dieser Entwicklung leiden mittlerweile alle Parteien.

Deshalb kann man nicht oft genug wiederholen: Die eigentliche Kraftquelle der Politik sind engagierte Bürger. Für gute Politik braucht es die Bereitschaft qualifizierter Persönlichkeiten, sich im öffentlichen Leben, im Gemeinwesen, einzubringen, ebenso wie die Bereitschaft der Parteien, für solche Menschen und ihre Ideen immer wieder aufs Neue offen zu sein. Die größte Gefahr für die Demokratie ist der satte, distanzierte Wohlstandsbürger.

Nachwort

Dieses Buch ist die Frucht vieler politischen Debatten und intensiver Gespräche mit Bürgern und Fachleuten verschiedener Disziplinen. Mehr als vier Jahrzehnte befasste ich mich im Zuge meiner politischen Aufgaben mit Grundsatzfragen und Fragen zur Zukunftsentwicklung. Vom Leben lernen, das konkrete Geschehen nach den tieferen, prägenden Ursachen zu hinterfragen, ist dabei mein Weg.

Stand anfangs in den 1960er-Jahren die Zukunft des ländlichen Raums und der Landwirtschaft vor dem Hintergrund des starken Strukturwandels dieser Zeit im Brennpunkt meiner politischen Tätigkeit, folgten danach fast zwei Jahrzehnte engagierter Entwicklungsarbeit im Bereich der Umweltpolitik. Daran schlossen sich gesellschaftspolitische Projekte wie die Konzeptentwicklung der »Aktiven Bürgergesellschaft« und »Solidarischen Leistungsgesellschaft« sowie die federführende Leitung der Grundsatzkommission der CSU, welche das aktuelle Grundsatzprogramm der Partei erstellt.

Die politischen Aufgaben, die mir als Parlamentarier, Fraktionsvorsitzender und Landtagspräsident gestellt waren, gaben mir die Möglichkeit, Theorie und Praxis zu verbinden. Sie öffneten mir auch den Weg zu Gesprächen mit Menschen aus den unterschiedlichsten Lebenskreisen – die größte Bereicherung in meiner Arbeit. Für alle diese Erfahrungen und Einsichten, für die Impulse und Lebenszeugnisse bin ich jedem Einzelnen, dem ich begegnet bin, dankbar.

Ein besonderer Reiz, der mich zum Schreiben dieses Buches veranlasste, war die Aussage des Sozialwissenschaftlers und Querdenkers Meinhard Miegel, dass die große Herausforderung unserer Gesellschaft in der Bildung einer »zukunftsfähigen Kultur« liegt. Diese Formulierung hat mich elektrisiert und mobilisiert, in nur zwei Worten ist hier diese Jahrhundertaufgabe, die alle Lebensbereiche umfasst, beschrieben.

Herzlich danke ich meiner lieben Frau Katharina für ihr großes Verständnis in der Zeit der intensiven Arbeit an diesem Buch. Der Lektorin dieses Buches, Frau Dr. Iris Forster, danke ich besonders für die engagierte Begleitung und Beratung. Ein herzlicher Dank gilt auch Frau Sabine Gampe-Bendrat, die mit großem Engagement die Schreibarbeit für mein Manuskript leistete.

Bibliografie

Biedenkopf, Kurt: Die Ausbeutung der Enkel. Plädoyer für die Rückkehr zur Vernunft, Berlin 2006

Böschemeyer, Uwe: Vom Typ zum Original. Die neun Gesichter der Seele und das eigene Gesicht, Lahr 1994

Deschner, Karlheinz: Was halten Sie vom Christentum? 18 Antworten auf eine Umfrage, München 1957

Dettling, Daniel (Hrsg.): Die Zukunft der Bürgergesellschaft. Herausforderung und Perspektiven für Staat, Wirtschaft und Gesellschaft, Wiesbaden 2008

Dettling, Warnfried (Hrsg.): Die Zukunft denken. Neue Leitbilder für wirtschaftliches und gesellschaftliches Handeln, Frankfurt 1996

Eibl-Eibesfeldt, Irenäus: In der Falle des Kurzzeitdenkens, München 1999

Fabio, Udo di: Die Kultur der Freiheit, München 2005

Fourastié, Jean: Die 40 000 Stunden. Aufgaben und Chancen der sozialen Evolution, Düsseldorf u.a 1966

Glück, Alois: Verantwortung übernehmen. Mit der Aktiven Bürgergesellschaft wird Deutschland leistungsfähiger und menschlicher, Stuttgart u. a. 2000

Glück, Alois / Vogel, Bernhard / Zehetmair, Hans: Solidarische Leistungsgesellschaft. Eine Alternative zu Wohlfahrtsstaat und Ellbogengesellschaft, Freiburg i. Br. 2006

Glück, Alois / Magel, Holger (Hrsg.): Neue Wege in der Kommunalpolitik. Durch eine neue Bürger- und Sozialkultur zur Aktiven Bürgergesellschaft, München 2000

Glück, Alois / Magel, Holger / Röbke, Thomas (Hrsg.): Neue Netze des Bürgerschaftlichen Engagements. Stärkung der Familien durch ehrenamtliche Initiativen, Heidelberg u.a. 2004

Grassmann, Peter H.: Plateau 3. Zukunft vererben: werteregulierte Marktwirtschaft und Bürgerdemokratie, Hamburg 2007

Hutter, Michael (Hrsg.): Klassiker der Ökonomie, Bundeszentrale für politische Bildung, Bonn 2006

Jonas, Hans / Mieth, Dietmar: Was für morgen lebenswichtig ist. Unentdeckte Zukunftswerte, Freiburg i. Br. 2003

Konrad-Adenauer-Stiftung (Hrsg.): Soziale Marktwirtschaft – damals und heute, Berlin u. a. 2007

Laschet, Armin: Die Aufsteigerrepublik. Zuwanderung als Chance, Köln 2009

Marx, Reinhard: Das Kapital. Plädoyer für den Menschen, München 2008

Miegel, Meinhard: Die deformierte Gesellschaft. Wie die Deutschen ihre Wirklichkeit verdrängen, Berlin u. a. 2002

Miegel, Meinhard (Hrsg.): Für eine zukunftsfähige Kultur, Bonn 2007

Naisbitt, John: Mind Set! Wie wir die Zukunft entschlüsseln, München 2007

Nefiodow, Leo A.: Der sechste Kondratieff. Wege zur Produktivität und Vollbeschäftigung im Zeitalter der Information, Sankt Augustin 1996

Nolte, Paul: Riskante Moderne. Die Deutschen und der neue Kapitalismus, München 2006

Opaschowski, Horst W.: Was uns zusammenhält. Zukunft und Krise der westlichen Wertewelt, München 2002

Opaschowski, Horst W.: Der Generationenpakt. Das soziale Netz der Zukunft, Darmstadt 2003

Opaschowski, Horst W.: Wohlstand neu denken. Wie die nächste Generation leben wird, Gütersloh 2009

Radermacher, Franz-Josef: Global Marshall Plan. Für eine weltweite ökosoziale Marktwirtschaft, Wien 2004

Radermacher, Franz-Josef/Beyers, Bert: Welt mit Zukunft. Überleben im 21. Jahrhundert, Hamburg 2007

Rifkin, Jeremy: Der Europäische Traum. Die Vision einer leisen Supermacht, Frankfurt/M. 2004

Seiwert, Lothar J.: Life-Leadership. Sinnvolles Selbstmanagement für ein Leben in Balance, Frankfurt/M. 2001

Vester, Frederic: Neuland des Denkens. Vom technokratischen zum kybernetischen Zeitalter, Stuttgart 1980

Vester, Frederic: Crashtest Mobilität. Die Zukunft des Verkehrs. Fakten, Strategien, Lösungen, München 1999

Vogel, Bernhard (Hrsg.): Im Zentrum: Menschenwürde. Politisches Handeln aus christlicher Verantwortung, Konrad-Adenauer-Stiftung 2006

Weimer, Wolfram: Freiheit, Gleichheit, Bürgerlichkeit. Warum die Krise uns konservativ macht, Gütersloh 2009

Weizsäcker, Ernst Ulrich von / Lovins, Amory B. / Lovins, L. Hunter: Faktor Vier. Doppelter Wohlstand – halbierter Naturverbrauch. Der neue Bericht an den Club of Rome, München 1995

Wötzel, Rudolf: Über die Berge zu mir selbst. Ein Banker steigt aus und wagt ein neues Leben, München 2009

Zehetmair, Hans (Hrsg.): Zukunft braucht Konservative, Freiburg i. Br. 2009

Ein Bildungsexperte bezieht Stellung

»Bildungsgerechtigkeit« lautet eine der führenden Parolen, wenn über das Bildungswesen diskutiert wird. Doch was gut gemeint ist, verkehrt sich oft ins Zwanghafte: Ansprüche werden nivelliert, Inhalte normiert, Ziele standardisiert, Eliten diskreditiert, Universitäten »Bologna«-konform konfektioniert.

Josef Kraus schlägt Alarm: Der Ruf nach Gerechtigkeit verkommt zur Zivilreligion der Gleichmacherei. Statt pauschal zu vereinheitlichen, gilt es, Bildung vom reinen Nutzdenken zu befreien, Persönlichkeitsbildung zu fördern und deutlich zu machen, dass Bildungschancen Chancen, aber keine Garantien sind.

»Das Buch bietet viele Beobachtungen aus dem gegenwärtigen bildungspolitischen Geschehen und stellt mit Erkenntnissen aus Studien gängige Vorurteile richtig.«   FAZ

Josef Kraus
Ist die Bildung noch zu retten?

224 Seiten, ISBN 978-3-7766-2610-0

HERBiG   www.herbig-verlag.de

Fotoprotokoll einer ereignisreichen Zeit

Wie war das Leben der Deutschen, als die BRD noch in den Kinderschuhen steckte? Der Fotoreporter Hanns Hubmann hat die Adenauer-Zeit in all ihren Facetten dokumentiert. In bewegenden Bildern hielt er große Momente der Geschichte wie die Verabschiedung des Grundgesetzes, erste Staatsbesuche ausländischer Politiker, Szenen des Wiederaufbaus und Anzeichen des Wirtschaftswunders ebenso fest wie unvergessliche Momente des Filmgeschäfts und des Sports als schönste Nebensache der Welt.
Ein stimmungsvoller Bilderbogen jüngster deutscher Vergangenheit, der zum Blättern, Schmökern und Erinnern einlädt.

»Eine nostalgische Erinnerungs-Chronik – wie Blättern in alten Zeitungen.«
Augsburger Allgemeine Zeitung

Hanns Hubmann
Die Anfänge der BRD

192 Seiten mit Abb., ISBN 978-3-7766-2615-5

HERBiG   www.herbig-verlag.de